Markus Bichler

Wie mit dem Realoptionsansatz reelle Unternehmensbewertungen gelingen

Anwendungsgebiete, Grenzen und Potenziale eines alternativen Bewertungsverfahrens

Bibliografische Information der Deutschen Nationalbibliothek:

Die Deutsche Nationalbibliothek verzeichnet diese Publikation in der Deutschen Nationalbibliografie; detaillierte bibliografische Daten sind im Internet über http://dnb.d-nb.de abrufbar.

Impressum:

Copyright © EconoBooks 2020

Ein Imprint der GRIN Publishing GmbH, München

Druck und Bindung: Books on Demand GmbH, Norderstedt, Germany

Covergestaltung: GRIN Publishing GmbH

II

Abstract

The present work provides an overview of business evaluation and presents the valuation methods relevant in theory as well as practice. Although the methods classified in this work as classical methods represent the established instruments in evaluation practice, they are called into question because of the lack of quantification of the flexibility of the company's management. In addition to the conceptual errors, the weakness regarding the depiction of flexibilities is examined in more detail, and with the real options approach a concept is presented which is able to quantify those degrees of freedom of a company. The real options approach is based on an analogy to financial options, to quantify option values the option price theory is used. The deficiency of the real options approach is mainly in the high mathematical complexity and the weakness of transferability of the option price theory, as well as an information, analysis and evaluation problem. The real option approach as a sole method is not suitable for carrying out valuations of entire companies, but under certain conditions can achieve an improvement in the valuation situation as a complementary instrument to classical methods especially for companies with high uncertainty regarding their economic future. Whether the real options approach is to be used as a complementary method depends on whether the enormous effort can be justified by existing option values.

Inhaltsverzeichnis

Abbildungsverzeichnis

Tabellenverzeichnis

Abkürzungsverzeichnis

AktG	Deutsches Aktiengesetz
APV	Adjusted Present Value
BW	Barwert
CAPM	Capital Asset Pricing Model
DCF	Discounted Cashflow
FK	Fremdkapital
GK	Gesamtkapital
IDW	Institut der Wirtschaftsprüfer in Deutschland e.V.
M&A	Mergers and Acquisitions
NPV	Net Present Value
WACC	Weighted Average Cost of Capital

1 Einleitung

1.1 Ausgangssituation und Problemstellung

Die Anzahl wie auch das Volumen von Mergers & Acquisitions (M&A), zu Deutsch Fusionen und Übernahmen, steigt weltweit an, immer mehr Unternehmen und Unternehmensanteile werden aus strategischen oder spekulativen Anlässen gekauft oder auch verkauft.[1] Nicht nur ebensolche Transaktionen, sondern beispielsweise auch steuerrechtliche, privatrechtliche oder bilanzielle Angelegenheiten machen es notwendig, ein Unternehmen zu bewerten.[2] Zum Zweck jener Bewertungen wurde bereits eine Vielzahl an Verfahren entwickelt, um den Gesamtwert eines Unternehmens zu errechnen. Als häufigste Bewertungsverfahren haben sich hier zukunftsorientierte Methoden wie das Ertragswertverfahren und das Discounted-Cashflow-Verfahren (DCF) etabliert.

Nicht nur in den vergangenen Jahren, sondern beispielsweise auch rund um die Geschehnisse bei Platzen der sogenannten Dotcom-Blase im Jahr 2000 konnte jedoch immer häufiger festgestellt werden, dass teils erhebliche Wertunterschiede zwischen dem bei Transaktionen bezahlten Preis und dem mit in der Bewertungspraxis etablierten Methoden errechneten Unternehmenswert bestehen, wobei diese Wertunterschiede oft als fantasievolle Spekulationsblase erscheinen und auch als solche abgetan werden.[3]

Die klassischen Bewertungsverfahren, welche in Einzelbewertungsverfahren, Gesamtbewertungsverfahren sowie Mischverfahren unterschieden werden können, berechnen anhand verschiedener Methoden einen Unternehmenswert zu einem Bewertungsstichtag, wobei grundsätzlich immer von einer statischen Zukunft ausgegangen wird. Diese Bewertungsverfahren gehen von einem passiven Unternehmensmanagement aus, was auf moderne Unternehmen sowie deren Management nicht zutrifft. In der Praxis bestehen Handlungsflexibilitäten, auf die ausgehend von neuen relevanten Informationen vom Management reagiert werden kann. Diese erfolgsverändernden Handlungsflexibilitäten vermögen klassische Bewertungsverfahren wertmäßig nicht zu berücksichtigen.[4] Aus diesem Grund spricht

---

[1] Das Volumen von M&A – Deals steigerte sich von 364 Mrd. $ im Jahr 1985 auf 3.888 Mrd. $ im Jahr 2018. Vgl. de.statista.com 2019.

[2] Vgl. Bieg et al. 2016, S. 247

[3] Vgl. Freihube 2001, S. 171.

[4] Vgl. Seppelfricke 2012, S. 105.

man hier auch von einem passiven (statischen) Unternehmenswert. Folglich errechnet sich der Unternehmenswert nicht nur aus passiven Werten, sondern auch aus aktiven Handlungsflexibilitäten, die in Form eines Optionswerts zum Basiswert addiert werden.

Dabei herrscht eine grundsätzliche Analogie zwischen Optionswerten und Finanzoptionen, sodass die Missachtung von Handlungsflexibilitäten folglich zu einer systematischen Unterbewertung von Unternehmen führt[5], da Optionen, die das Recht bezeichnen, einen bestimmten Vermögensgegenstand innerhalb einer bestimmten Zeitperiode zu einem vorher festgelegten Preis kaufen oder verkaufen zu können, niemals einen negativen Wert annehmen können, wie Black & Scholes darlegten.[6] Handlungsflexibilitäten werden auch als sogenannte Realoptionswerte bezeichnet, wobei diese Realoptionswerte die Freiheitsgrade des Unternehmensmanagements, auf Entwicklungen durch Strategieanpassungen zu reagieren, repräsentieren.[7]

Das Problem an sich besteht dadurch darin, dass, obwohl Verfahren zur Berechnung des passiven Unternehmenswerts in der Theorie und Praxis etabliert sind, aus beschriebenen Gründen offensichtlich den reellen Wert eines Unternehmens nicht entsprechend erfassen können, da die Freiheitsgrade, auf die vom Management reagiert werden und die einen reellen Wert darstellen und somit quantifiziert werden müssen, vernachlässigt werden.

Die Relevanz dieses Thema ist als sehr hoch einzustufen, da Unternehmensbewertungen bei einer Vielzahl von Anlässen eine entscheidende Rolle spielen und alle Akteure im Umfeld einer solchen Bewertung ein begründetes Interesse daran haben, auf eine Methode zur Berechnung des reellen Unternehmenswerts zurückgreifen zu können.

1.2 Ziel der Arbeit und Vorgehensweise

Die Zielsetzung der Arbeit ist es somit, einen grundlegenden Überblick über Unternehmensbewertungen und deren Bewertungsverfahren zu geben, die Schwächen in Hinblick auf die Bewertung von Handlungsflexibilitäten aufzuzeigen und mit dem Realoptionsansatz eine Bewertungsmethode vorzustellen, die als

---

[5]   Vgl. Copeland und Antikarov 2002, S. 21.
[6]   Vgl. Black und Scholes 1973, S. 638.
[7]   Vgl. Seppelfricke 2012, S. 105.

komplementäres Verfahren zu klassischen Bewertungsverfahren die Quantifizierung des Unternehmenswertes ermöglicht. Anwendungsgebiete für den Realoptionsansatz als komplementäres Bewertungsverfahren zu klassischen Methoden sollen aufgrund gewonnener Erkenntnisse erarbeitet werden und dessen Grenzen in der praktischen Anwendbarkeit beschrieben werden.

Die Struktur der Arbeit folgt der Überlegung, klassische Bewertungsverfahren sowie den Realoptionsansatz zu erklären und deren jeweiligen Grenzen aufzuzeigen, um im Folgenden theoretische Überlegungen zu einer alternativen Nutzung des Realoptionsverfahrens als komplementäres Instrument aufbauend auf klassischen Verfahren vorstellen zu können und Anwendungsgebiete hierfür zu erarbeiten. Zu Beginn werden im ersten Teil der Thesis die Ausgangssituation, die Problemstellung und das Ziel der Arbeit sowie die Vorgehensweise behandelt, zudem wird ein grundlegender Überblick über Unternehmensbewertungen, deren Anlässe und den unterschiedlichen Zwecke gegeben. Die klassischen und in Theorie und Praxis etablierten Bewertungsverfahren werden im zweiten Teil näher beleuchtet, um deren Schwächen in Bezug auf die Bewertung von Handlungsflexibilitäten in Unternehmen aufzuzeigen. Eben diese Handlungsflexibilitäten vermag der Realoptionsansatz zu quantifizieren, folglich wird jener im dritten Teil der Thesis behandelt, um im vierten Teil die komplementäre Anwendung des Realoptionsansatzes zu klassischen Verfahren und die Anwendungsgebiete dessen als alternatives Bewertungsverfahren vorzustellen sowie auf die Grenzen der praktischen Anwendbarkeit einzugehen. Zusammenfassend wir der fünfte Teil mit einem Fazit die Arbeit abschließen.

Das Realoptionsverfahren als komplementäres Bewertungsverfahren zu klassischen Methoden der Unternehmensbewertung sowie die Anwendungsgebiete dieses alternativen Ansatzes wurden empirisch noch nicht untersucht, weshalb die folgende Fragestellung im Fokus dieser Arbeit liegt:

Wie können Handlungsflexibilitäten in Unternehmen mit Hilfe des Realoptionsansatzes als komplementäres Bewertungsverfahren zu klassischen Methoden der Unternehmensbewertung quantifiziert werden, welche Anwendungsgebiete hierfür gibt es und welche Grenzen limitieren den praktischen Einsatz?

1.3 Methodisches Vorgehen

Zur Beantwortung dieser Forschungsfrage wird als methodischer Forschungsansatz eine qualitative Literaturarbeit gewählt, bei der relevante Literatur zu der Thematik der Arbeit zusammengetragen wird und somit der aktuelle Stand der Forschung präsentiert wird. Um Informationen über das Thema zu gewinnen, wird Literatur aus Bibliotheken und Datenbanken wie Google Scholar, Ebook Central, ABI/INFORM Collection, EBSCO Host und SSRN verwendet, wobei Fachbücher sowie Artikel aus wissenschaftlichen Journals zur Literaturrecherche herangezogen werden. Im Theorieteil der Arbeit wird die relevante Literatur verwendet, um einen allgemeinen Überblick über die behandelten Themengebiete der Thesis zu geben. Spezifische Begrifflichkeiten werden definiert und ein Überblick über Anlässe und Zwecke der Unternehmensbewertung wird gegeben. Im zweiten Kapitel werden die in dieser Arbeit als klassische Verfahren der Unternehmensbewertung klassifizierten Methoden vorgestellt und deren Stärken und Schwächen analysiert, um somit deren Tauglichkeit in Bezug auf die Quantifizierung von Handlungsflexibilitäten festzustellen. Der dritte Teil der Thesis behandelt die bisherigen Erkenntnisse zum Realoptionsansatz und bildet die theoretische Grundlage für das vierte Kapitel, welches die Ausarbeitung theoretischer Überlegungen zu alternativen Bewertungsansätzen auf Basis von klassischen Bewertungsverfahren sowie dem Realoptionsansatz beinhaltet.

1.4 Einführung in die Unternehmensbewertung

Die Unternehmensbewertung dient dazu, auf Basis von bewertungsrelevanten Kennzahlen einen fairen Wert für Unternehmen bzw. Unternehmensanteile zu ermitteln, um beispielsweise einen Kauf- oder Verkaufspreis ermitteln zu können. Es bestehen verschiedene Methoden und Ansätze zur Bestimmung des fairen Wertes, welche abhängig vom Zweck der Bewertung und der gewählten Bewertungsmethode in der Regel zu unterschiedlichen Ergebnissen und Bewertungsspannen führen.[8] Dabei müssen die Begriffe Preis und Wert strikt voneinander abgegrenzt werden, da der Unternehmenswert oft fälschlicherweise mit dem Kaufpreis für das Unternehmen bzw. Unternehmensanteilen gleichgestellt wird. Der Preis definiert sich als der Geldbetrag, der bei einer Transaktion tatsächlich bezahlt wird und ergibt

---

[8] Vgl. Schmidlin 2013, S. 143.

sich aus Angebot und Nachfrage.[9] Der Wert bezieht sich auf Eigenschaften wie dem Nutzen, den das Objekt dem Käufer oder Verkäufer stiftet, folglich stellt der Unternehmenswert eine subjektive Größe dar, da jedes Individuum andere Wertvorstellungen besitzt und somit jedem Objekt einen anderen Wert beimisst.[10]

Unternehmen müssen aus verschiedensten Anlässen bewertet werden, wobei der Unternehmenswert von eben jenen Bewertungsanlässen abhängt und der Anlass die betroffenen Individuen und das zugrunde liegende Wertesystem bestimmen. Eine Vielzahl von verschiedenen Anlässen lässt sich zu unterschiedlichen Zwecken zusammenfassen, wobei der Bewertungszweck wiederum die geeigneten Bewertungsverfahren bestimmt[11] und der Unternehmenswert nicht losgelöst vom Zweck der Wertermittlung bestimmt werden kann.[12]

Dabei stellt die Unternehmensbewertung einen Spezialfall der Investitionsrechnung dar, da der Kauf oder Verkauf von Unternehmen oder Unternehmensanteilen als Investition betrachtet werden kann, wobei sich die Betrachtung nicht mehr auf einzelne Einheiten in der Menge der betrieblichen Geschehnisse, sondern auf ein komplexes Gebilde vieler Einflussfaktoren bezieht.[13]

Als Basis für Unternehmensbewertungen kann zwischen objektiven und subjektiven Bewertungsmaßstäben differenziert werden. Dabei werden die objektiven Maßstäbe, bei der die Unternehmensbewertung unabhängig von der spezifischen Interessenlage des Bewerters zu bestimmen sind, eher als traditionell angesehen. Hierbei wird die Perspektive eines neutralen Gutachters eingenommen, der meist auf Basis der Unternehmenssubstanz[14] eine Bewertung vornimmt. Neuere, subjektive Bewertungsmaßstäbe zielen hingegen vornehmlich auf die subjektive Einschätzung des Bewerters und auf die Interessenlage und die Entscheidungssituation der Beteiligten ab. Die Aufgabe der Bewertung bezieht sich hier auf die

---

[9] Vgl. hierzu beispielsweise den Börsenkurs von Tesla – obwohl das Unternehmen dauerhaft Verluste verbuchen muss, „glauben" Investoren weiterhin an die Zukunft des Autobauers und halten den Aktienkurs, der sich aus Angebot und Nachfrage zusammensetzt, somit aufrecht. Vergleiche hierzu den Artikel aus dem „Handelsblatt" von Koenen und Postinett 2019.

[10] Vgl. Ernst et al. 2014, S. 9.

[11] Vgl. Seppelfricke 2012, S. 2.

[12] Vgl. Drukarczyk und Schüler 2009, S. 87.

[13] Vgl. Bieg 1997, S. 243–244

[14] Die Unternehmenssubstanz definiert sich als die Summe der reinen Vermögensgegenstände einer Unternehmung. Der Substanzwert wird aus der Differenz zwischen der Aktivseite und der Passivseite der Bilanz unter Berücksichtigung der stillen Reserven und Lasten ermittelt. Vgl. Koch 2011, S. 195.

Ermittlung von Entscheidungswerten, die helfen sollen, möglichst optimale Entscheidungen zu treffen. Die in der Bewertungspraxis vorherrschende Meinung stellt daher auf die Ermittlung des Zukunftserfolgswertes ab, der sich aus den diskontierten prognostizierten finanziellen Überschüssen ergibt, welche bei Fortführung eines Unternehmens zu erzielen sind.[15] Gegen den Ansatz, Unternehmen auf Basis der Unternehmenssubstanz, das heißt auf Basis von einzelnen Vermögenswerten, zu bewerten, spricht auch die gefestigte Meinung, dass der Gesamtwert eines Unternehmens im Allgemeinen nicht der Summe der Werte der einzelnen Vermögensgegenstände entspricht.[16] Doch wie Moxter betont, gibt es nicht den schlechthin richtigen Unternehmenswert: Da Unternehmenswertermittlungen sehr unterschiedlichen Zwecken dienen können, ist der richtige Unternehmenswert jeweils der zweckadäquate.[17] Neben dem Zweck der Bewertung sind Kenntnisse über die Branche, in der das zu bewertende Unternehmen operiert, ausschlaggebend.[18]

Die Konzeption des Unternehmenswertes kann geschichtlich in vier Phasen unterteilt werden, wobei hier der Trend weg von der Überzeugung, der Unternehmenswert ergäbe sich aus dem Wert der Substanz, hin zum Konzept der Gesamtbewertung des Unternehmens auf Basis zukünftiger Erfolge verläuft.[19]

Die Gründe, warum Unternehmen bewertet werden müssen, können in sogenannte Haupt- und Nebenfunktionen geteilt werden. Zu den Hauptfunktionen der Unternehmensbewertung sind die Beratungs-, Vermittlungs- und Argumentationsfunktion zu zählen. Des Weiteren stellen die Bilanzfunktion sowie die Steuerbemessungsfunktion die Nebenfunktionen dar.[20]

Unternehmensbewertungen werden in der Praxis vorwiegend von Investmentbanken, Banken, Wirtschaftsprüfergesellschaften und Steuerberatungsgesellschaften, Unternehmensberatungen, speziell auf Corporate-Finance-Fragen spezialisierte Beratungen oder auch von einzelnen Wirtschaftsprüfern und Steuerberatern durchgeführt.

---

[15] Vgl. Bieg et al. 2016, S. 245.

[16] Vgl. ebenda, S.178

[17] Vgl. Moxter 1983, S. 6

[18] Vgl. Habbel et al. 2011, S. 11.

[19] Einen genauen Überblick über die geschichtliche Ausprägung der Unternehmensbewertung findet man bei Drukarczyk und Schüler 2009, S. 88.

[20] Vgl. Ernst et al. 2014, S. 13.

Das Bewertungssubjekt (für wen wird bewertet?) definiert den Adressaten, für den die Bewertung durchgeführt wird. Das Bewertungsobjekt (was wird bewertet?) kennzeichnet hingegen das zu bewertende Unternehmen.[21]

1.5 Anlässe und Bewertungszweck

Die Anlässe für die Bewertung von Unternehmen und Unternehmensanteilen sind sehr vielfältig, wobei der Anlass immer vom Zweck der Bewertung abhängt. Den Anstoß zu einer Unternehmensbewertung gibt grundsätzlich die freiwillig geplante oder erzwungene Veränderung in der Konstruktion der Eigentümerstruktur einer Gesellschaft. Auch kann die Notwendigkeit einer Bewertung bei nicht oder nicht ausdrücklich geplanter Änderung der Eigentümerverhältnisse auftreten.[22] Abbildung 1 gibt einen Überblick über die verschiedenen Bewertungsanlässe.

Als häufigste Bewertungsanlässe sind der Kauf und Verkauf von Unternehmen sowie Unternehmensanteilen zu nennen. Eine besondere Bedeutung kommt hierbei dem Handel von börsennotierten Aktien sowie der Emission von Aktien zu. Auch die Lösung des Nachfolgeproblems in Unternehmen dient oft als Anlass, die Bemessungsgrundlage für die Erbschafts- und Schenkungssteuer zu ermitteln. Bei Veräußerungen an das Management, einem sogenannten Management-Buy-Out, muss zudem ein fairer Unternehmenspreis gefunden werden.[23]

Anlässe für die Bewertung von Unternehmen lassen sich außerdem in dominierte und nicht-dominierte Verhandlungssituationen unterscheiden. Hat jede Verhandlungspartei die Möglichkeit, aus den Vertragsverhandlungen auszuscheiden und somit die aktuelle Konstellation beizubehalten, ist von einer nicht-dominierten Verhandlungssituation auszugehen. Hierzu zählen der Kauf oder Verkauf von Unternehmen bzw. Unternehmensanteilen. Beide Parteien werden der Transaktion nur zustimmen, wenn sich die jeweilige ökonomische Situation verbessern kann, ansonsten wird auf den Vertragsabschluss verzichtet werden.[24] Hingegen liegt eine dominierte Verhandlungssituation vor, wenn eine Partei keine Option mehr zum Abbruch der Verhandlungen und Rückkehr zum Status quo hat und die andere Partei die Änderung der Eigentümerstruktur somit durchsetzen kann.[25] Als Beispiel

---

[21] Vgl. ebenda, S.10.

[22] Vgl. Drukarczyk und Schüler 2009, S. 82.

[23] Vgl. Seppelfricke 2012, S. 5–6.

[24] Vgl. Drukarczyk und Schüler 2009, S. 82

[25] Vgl. ebenda, S. 83-84

kann hier die Kündigung von Gesellschaftern bei Personengesellschaften oder ein sogenanntes Squeeze Out[26] der Aktiengesellschaft genannt werden.[27] Eine genauere Übersicht über Anlässe zur Unternehmensbewertung im Zusammenhang mit dominierten und nicht-dominierten Verhandlungssituationen geben Drukarczyk und Schüler.[28]

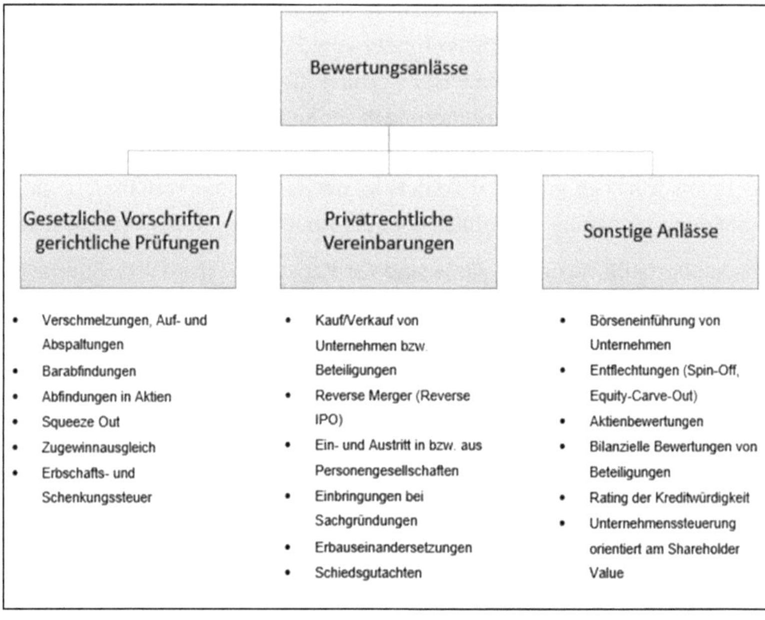

Abbildung 1: Anlässe zur Unternehmensbewertung[29]

Wie bereits erwähnt, kann der Unternehmenswert nicht losgelöst vom Zweck der Wertermittlung bestimmt werden, das Prinzip der Zweckadäquanz muss erfüllt sein. Eine zentrale Rolle spielt die Ermittlung von Grenzpreisen bzw. Marktpreisen für mögliche Käufer oder Verkäufer von Unternehmen oder Unternehmensanteilen

---

[26] Als Squeeze Out bezeichnet man nach §§ 327 a-f AktG (deutsches Aktiengesetz) die Möglichkeit des Hauptaktionärs, Minderheitsaktionäre gegen eine Barabfindung aus der Aktiengesellschaft auszuschließen. Der Hauptaktionär, der direkt oder indirekt mindestens 95% des Aktienkapitals der Gesellschaft hält, kann die Aktiengesellschaft zur Einberufung einer Aktionärsversammlung zwingen, um über die Übertragung der restlichen Aktien auf den Hauptaktionär zu entscheiden. Vgl. Ernst und Häcker 2012, S. 20.

[27] Vgl. Seppelfricke 2012, S. 5.

[28] Vgl. Drukarczyk und Schüler 2009, S. 84.

[29] in Anlehnung an Seppelfricke 2012, S. 4.

als ein wichtiger Zweck einer Unternehmensbewertung.[30] Der Grenzpreis gibt dabei den Wert an, den ein Käufer bzw. Verkäufer höchstens bezahlen kann bzw. mindestens Verlangen muss, um sich nach der Transaktion nicht schlechter zu stellen. Es handelt sich folglich um einen Entscheidungswert, da der Grenzpreis die Grundlage einer Entscheidung über Kauf oder Verkauf eines Unternehmens darstellt. Als weitere Bewertungszwecke werden in der Literatur zwischen Marktwert, Steuerungswert, objektiven Unternehmenswert, Schiedswert, Argumentationswert, Vertragswert sowie steuerlichem Wert unterschieden.[31] Der Marktwert, der aus Sicht aller auf dem Kapitalmarkt operierenden Eigen- und Fremdkapitalgeber ermittelt wird, stellt den in den USA dominierenden Bewertungszweck dar.[32]

---

[30] Vgl. Drukarczyk und Schüler 2009, S. 87.

[31] Eine genauere Beschreibung der jeweiligen Unternehmenswerte findet man bei Seppelfricke 2012, S. 6–7 sowie Drukarczyk und Schüler 2009, S. 87–91.

[32] Vgl. Seppelfricke 2012, S. 6.

2 Klassische Verfahren der Unternehmensbewertung

2.1 Verfahren zur Unternehmensbewertung im Überblick

Als Verfahren der Unternehmensbewertung kann das Instrument, mit dessen Hilfe der Wert eines Unternehmens ermittelt wird, bezeichnet werden. Grundsätzlich können Verfahren zur Unternehmensbewertung auf drei verschiedene Arten unterschieden werden. Nach Seppelfricke kann hier nach dem Zweck der Bewertung, der Art der Bewertung sowie dem Vorgehen der Bewertung differenziert werden.[33] Die Unterscheidung nach dem Vorgehen der Bewertung zielt darauf ab, ob die Gesamtheit des Unternehmens als Bewertungseinheit angesehen wird[34] oder die einzelnen Vermögenswerte des Unternehmens als Wertansatz angesetzt werden. Folglich lässt sich zwischen Einzelbewertungsverfahren, Gesamtbewertungsverfahren sowie Mischverfahren, die eine Mischung aus Einzel- und Gesamtbewertungsverfahren darstellen, unterscheiden. Abbildung 2 gibt eine Übersicht über die unterschiedlichen Verfahren der Unternehmensbewertung.

Im Vordergrund bei der Wahl der Bewertungsmethode steht auch hier die Zweckadäquanz, wonach ein dem Bewertungsanlass entsprechendes Verfahren gewählt werden soll, da verschiedene Verfahren in ihrer Eignung für verschiedene Zwecke variieren können.[35] Es gibt jedoch kein Verfahren, das „besser" ist als alle anderen, alle Ansätze haben ihre Vor- und Nachteile und helfen, eine Spanne für den Wert von Unternehmen zu finden.[36]

Einzelbewertungsverfahren orientieren sich an einem objektiven Unternehmenswert, der unabhängig von spezifischen Interessenlagen zu ermitteln ist.[37] Die Bewertungsgrundlage bildet die Summe der Werte der Einzelbestandteile abzüglich aller Schulden eines Unternehmens. Diese starke Orientierung am Substanzwert des Unternehmens bedingt auch den Namen der sogenannten Substanzwertverfahren.[38] Substanzwertverfahren werden jedoch vom Institut der Wirtschaftsprüfer (IDW) abgelehnt, da der Barwert der zukünftigen Überschüsse der Einnahmen

---

[33] Vgl. Seppelfricke 2012, S. 14. Der Autor liefert hier eine genauere Klassifizierung der Bewertungsverfahren.

[34] Vgl. Mandl und Rabel 2012, S. 53

[35] Vgl. Ernst et al. 2014, S. 16.

[36] Vgl. Ernst und Häcker 2012, S. 53.

[37] Vgl. Bieg et al. 2016, S. 256.

[38] Vgl. Mandl und Rabel 2012, S. 82

über die Ausgaben als theoretisch richtiger Wert eines Unternehmens bezeichnet wird.[39] Im Gegensatz zu den Einzelbewertungsverfahren orientieren sich daher Gesamtbewertungsverfahren nicht an der reinen Substanz, sondern am zukünftig erwarteten Nutzen eines Unternehmens.[40] Der Barwert der zukünftigen Überschüsse bildet die Grundlage für die sogenannten Gesamtbewertungsverfahren. Abhängig von der Form der Überschüsse kann zwischen Ertragswertverfahren und Discounted-Cashflow-Verfahren (DCF) unterschieden werden.[41] Das Ertragswertverfahren sowie das DCF-Verfahren basieren auf dem Kapitalwertkalkül der Investitionstheorie[42] und gehen davon aus, dass sich der Unternehmenswert aus der zukünftigen Ertragskraft eines Unternehmens ableitet.[43]

---

[39] Das Institut der Wirtschaftsprüfer (IDW) veröffentlicht die sogenannten „IDW-Verlautbarungen", die als Prüfungsstandards für Wirtschaftsprüfer dienen. Zum Standard des IDW vgl. Institut der Wirtschaftsprüfer 2017.

[40] Vgl. Mandl und Rabel 2012, S. 54.

[41] Vgl. Bieg et al. 2016, S. 256

[42] Vgl. Kaden 1997, S. 499–500.

[43] Vgl. Ernst et al. 2014, S. 25.

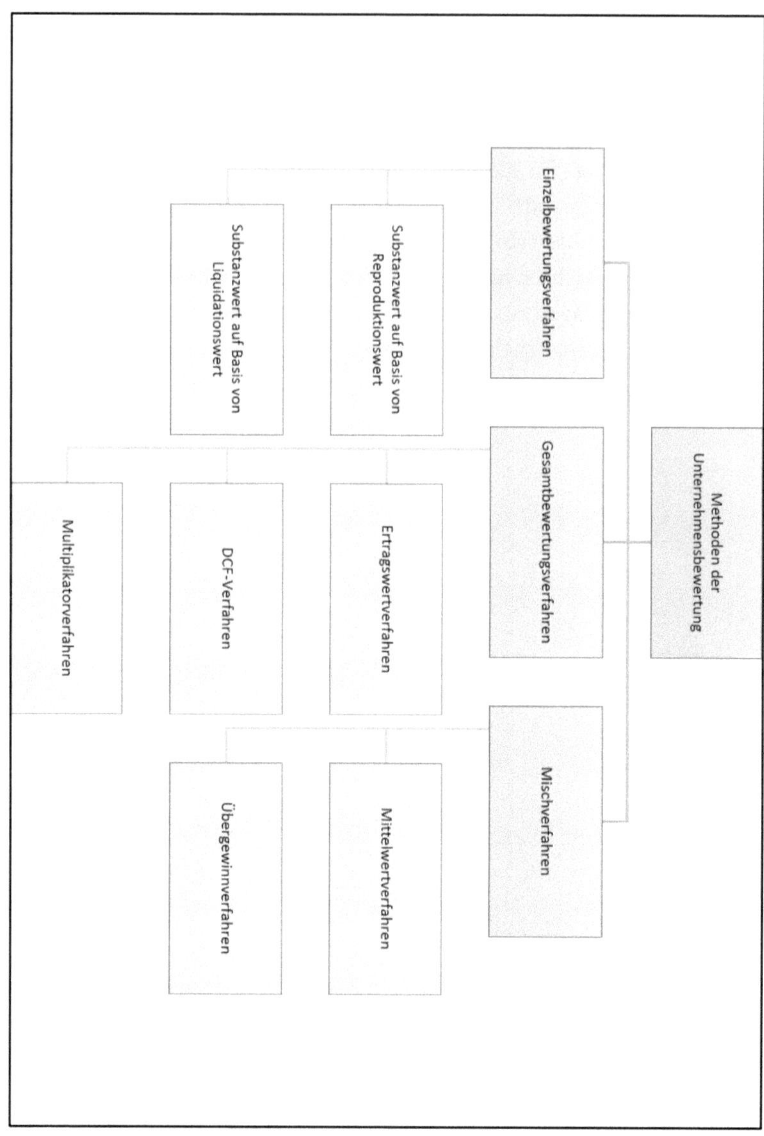

Abbildung 2: Klassifizierung von Bewertungsverfahren[44]

---

44   In Anlehnung an Bieg et al. 2016, S. 257 sowie Mandl und Rabel 2012, S. 53.

Neben den Ertragswertverfahren und den DCF-Verfahren werden sogenannte Multiplikatorverfahren zu den Gesamtbewertungsverfahren gezählt. Multiplikator-Verfahren sind marktorientierte Vergleichsverfahren, bei denen der Unternehmenswert mit Hilfe aktueller Marktpreise und anhand eines Kennzahlenvergleichs mit anderen Unternehmen ermittelt wird.[45]

Zu den Mischverfahren, auf die jedoch in dieser Arbeit nicht näher eingegangen wird, sind die sogenannten Mittelwertverfahren sowie Übergewinnverfahren zu zählen, zu welchen auch deren bekanntester Vertreter, das Stuttgarter Verfahren, zählt.[46] Dabei fließen sowohl Elemente aus der Einzel- als auch Gesamtbewertungskonzeption ein.[47] Der Unternehmenswert wird aus dem Substanzwert (vgl. Kapitel 2.2, S. 14) und der Differenz aus Ertrags- und Substanzwert, der sich als originärer Geschäfts- oder Firmenwert definiert (Goodwill), ermittelt.[48] Das Mittelwertverfahren legt der Ermittlung des Unternehmenswerts eine bestimmte Gewichtung (in Prozent) von Substanzwert und Ertragswert zugrunde, im einfachsten Fall kann der Unternehmenswert als arithmetisches Mittel berechnet werden.[49]

Die in Kapitel 3 vorgestellten Bewertungsverfahren stellen die in der Literatur als auch in der Bewertungspraxis etablierten Verfahren dar und werden zum Zweck dieser Arbeit als klassische Verfahren der Unternehmensbewertung bezeichnet. Bieg et al. differenziert hier zwischen „neueren Bewertungsansätzen", zu welchen die Discounted-Cashflow-Methoden zu zählen sind, und „traditionellen Methoden", welche die Ertragswertmethoden, Substanzwertmethoden und kombinierte Methoden umfassen.[50] Betrachtet man allerdings die Tatsache, dass das Ertragswertverfahren dem Equity-Ansatz der DCF-Verfahren sehr ähnelt[51] und mittlerweile als international gängiges Bewertungsverfahren eingesetzt wird, so sind auch DCF-Verfahren zu den, wie sie in dieser Arbeit bezeichnet werden, klassischen Verfahren der Unternehmensbewertung zu zählen.

---

[45] Vgl. Ernst et al. 2014, S. 25.

[46] Vgl. Bieg et al. 2016, S. 257; für eine genauere Ausführung zum Stuttgarter Verfahren vgl. Bieg et al. 2016, S. 268.

[47] Vgl. Mandl und Rabel 2012, S. 86

[48] Vgl. Ernst et al. 2014, S. 23.

[49] Vgl. Mandl und Rabel 2012, S. 86.

[50] Vgl. Bieg et al. 2016, S. 244.

[51] Vgl. Seppelfricke 2012, S. 29.

2.2 Einzelbewertungsverfahren

Die Einzelbewertungsverfahren lassen sich in das

- Substanzwertverfahren auf Basis von Reproduktionswerten und das
- Substanzwertverfahren auf Basis von Liquidationswerten untergliedern.

Grundsätzlich errechnet sich der Substanzwert eines Unternehmens aus der Summe der Werte aller Vermögensgegenstände abzüglich der Schulden.[52] Im Gegensatz zu zukunftsorientierten Methoden ergibt sich der Unternehmenswert nicht aus zukünftig zufließenden Zahlungsströmen, sondern ausschließlich aus der bereits vorhandenen Unternehmenssubstanz. Die Substanzwertverfahren haben trotz ihrer Mängel eine große Bedeutung, da damit die objektive Grundlage bezüglich einer grundlegenden Bewertungsbasis für ein gesamtes Unternehmen geschaffen wird.[53] Als wertbestimmende Faktoren des Unternehmenswertes sind bei den Substanzwertverfahren die Menge der einbezogenen Vermögensgegenstände und Schulden sowie die Wahl der jeweiligen Wertansätze entscheidend.[54]

Das Substanzwertverfahren auf Basis von Liquidationswerten gründet auf der Annahme einer Liquidation (Zerschlagung) eines Unternehmens oder Unternehmensteils. Der Unternehmenswert ergibt sich aus der Summe der bei Auflösung des Unternehmens erzielten Verkaufserlöse der einzelnen Vermögensgegenstände.[55] Diese Bewertungsmethode wird verwendet, wenn von begrenzter Lebensdauer des Unternehmens (oder Teile dessen) auszugehen ist. Wird hingegen von einer Fortführung des Unternehmens (Going Concern) ausgegangen, so bildet der Liquidationswert die äußere Wertuntergrenze.[56] Neben den Schulden in der Bilanz, die vom Unternehmenswert abgezogen werden müssen, sind auch alle durch die Zerschlagung bedingten, zusätzlichen Belastungen wie beispielsweise Liquidationskosten, Sozialplanverpflichtungen oder Steuerbelastungen durch die Auflösung stiller Reserven zu berücksichtigen.[57]

---

52 Vgl. Mandl und Rabel 2012, S. 82
53 Vgl. Bieg et al. 2016, S. 258.
54 Vgl. Seppelfricke 2012, S. 175.
55 Vgl. Ernst et al. 2014, S. 17.
56 Vgl. Seppelfricke 2012, S. 176.
57 Vgl. Bieg et al. 2016, S. 259 sowie Ballwieser 2011, S. 199.

Die Höhe der Verwertungserlöse wird zusätzlich vom Zeitdruck bei der Liquidation beeinflusst, wobei grundsätzlich davon auszugehen ist, dass bei niedrigem Zeitdruck ein höherer Verkaufserlös realisierbar ist und umgekehrt.[58]

Gegenüber dem Substanzwertverfahren auf Basis von Liquidationswerten ist beim Substanzwertverfahren auf Basis von Reproduktionswerten von der Fortführung des zu bewertenden Unternehmens auszugehen. Dabei steht die Fragestellung im Vordergrund, wie viel Kapital aufzuwenden wäre, um das zu bewertende Unternehmen in seiner derzeitigen realen Existenz nachzubilden.[59] Die Reproduktionswerte werden dabei als Wiederbeschaffungsaltwerte oder Zeitwerte angesetzt, dadurch wird dem Alter und dem Abnützungsgrad des betriebsnotwendigen Vermögens Rechnung getragen.[60] Nicht betriebsnotwendiges Vermögen wird zu Liquidationswerten angesetzt.[61] Dem Umstand, dass alle Vermögensgegenstände, somit auch die immaterieller Natur, bewertet werden müssen, kann in der Bewertungspraxis meist nicht Rechnung getragen werden, da immaterielle Vermögensgegenstände nicht oder nur sehr schwer bewertet werden können. Man differenziert daher zwischen einem Vollreproduktionswert und einem Teilreproduktionswert, der Verkehrswerte selbsterstellter immaterieller Vermögensgegenstände aus der Bilanz erfasst, nicht aber andere relevante Faktoren wie bspw. die Qualität der Mitarbeiter oder der Standortqualität.[62]

Eine Bewertung auf Basis von Substanzwerten spielt in der Praxis eine eher untergeordnete Rolle, da sie keinen Bezug auf die Fortführung des Unternehmens und den damit realisierbaren zukünftigen Rückflüssen nimmt. Das Bewertungsverfahren kann sich jedoch bei Make-or-Buy-Entscheidungen als sinnvoll erachten, um zu klären, ob sich ein Kauf eines Unternehmens gegenüber einer Neuerrichtung lohnt. Zusätzlich wird die Bewertung auf Basis von Substanzwerten im Rahmen von Rechnungslegung und Rechtsprechung sowie bei Verträgen zur Abfindung von Gesellschaftern angewandt.[63] Den Einzelbewertungsverfahren liegt ein einfaches Verfahren zu Grunde, das auch eine Nachvollziehbarkeit für nicht-Fachleute ermöglicht. Die klaren Strukturen ermöglichen nur einen geringen Gestaltungsspielraum des

---

58 Vgl. Bieg 1997, S. 183 sowie Ernst et al. 2014, S. 18
59 Vgl. Bieg et al. 2016, S. 259.
60 Vgl. Ernst et al. 2014, S. 18.
61 Vgl. Seppelfricke 2012, S. 176.
62 Vgl. Seppelfricke 2012, S. 177 sowie Ernst et al. 2014, S. 18.
63 Vgl. Ballwieser 2011, S. 200–201; Vgl. Seppelfricke 2012, S. 176.

Bewerters. Die Einzelbewertungsverfahren sind jedoch für die Ermittlung von Entscheidungs- oder Marktwerten ungeeignet, die Vernachlässigung vom Wert zukünftiger Erträge und unternehmerischer Potenziale führt daher schnell zu einer vergangenheitsorientierten Fehlbewertung. Durch eine isolierte Betrachtung werden Kombinationseffekte und der bei Unternehmen immer wichtiger werdende Wert der immateriellen Vermögensgegenstände nicht beachtet.[64] Auch der IDW kommt in seinem Standard IDW S 1 zum Schluss, dass Reproduktionswerte „vom Wirtschaftsprüfer nur dann zu ermitteln (sind), wenn dies im Auftrag für das Bewertungsgutachten ausdrücklich festgelegt ist".[65]

2.3 Gesamtbewertungsverfahren

Anders als bei den Einzelbewertungsverfahren wird das Unternehmen bei den Gesamtbewertungsverfahren als eine Bewertungseinheit verstanden.[66] Der Unternehmenswert ergibt sich nicht aus der reinen Substanz der Vermögensgegenstände, sondern orientiert sich in Form von zukünftig zu erwartender Rückflüsse (Erträge bzw. Cashflows) an der Zukunft des Unternehmens.

Zu den Methoden der Gesamtbewertung zählen die verschiedenen Discounted-Cashflow (DCF) – Verfahren sowie das Ertragswertverfahren. Die Ermittlung des Unternehmenswertes ergibt sich aus den auf einen einheitlichen Bezugspunkt diskontierten zukünftigen Zahlungs- bzw. Erfolgsgrößen, die an die Anteilseigner zurückfließen.[67] Dabei erweist sich die Prognose der zukünftigen Erträge eines Unternehmens in der Praxis als schwierig[68], was dem Bewerter einen größeren Gestaltungsspielraum als bspw. bei den Substanzwertverfahren ermöglicht (vgl. dazu auch Kapitel 2.2, Seite 14). Die Diskontierung oder Abzinsung der zukünftigen Erträge auf Basis von Planwerten auf einen Bewertungsstichtag spiegelt den Zeitwert des Geldes wider. Beispielsweise sind Rückflüsse in Höhe von 100€ in zehn Jahren zum heutigen Zeitpunkt weniger wert als zu einem früheren Zeitpunkt.

---

[64] Vgl. Seppelfricke 2012, S. 186.

[65] Vgl. Institut der Wirtschaftsprüfer 2017, Tz. 182

[66] Vgl. Ballwieser 2011, S. 10.

[67] Vgl. Bieg et al. 2016, S. 274.

[68] Vgl. Seppelfricke 2012, S. 21.

Zu den Gesamtbewertungsverfahren sind auch die sogenannten Multiplikator-Verfahren zu zählen, bei denen der Unternehmenswert mit Hilfe aktueller Marktpreise und anhand eines Kennzahlenvergleichs mit anderen Unternehmen ermittelt wird.[69]

2.3.1 Discounted-Cashflow-Verfahren

Die Discounted-Cashflow-Verfahren stellen kapitalmarktorientierte Gesamtbewertungsverfahren dar[70], die dem Kapitalwertkalkül der Investitionstheorie zugrunde liegen. Dabei werden die Unternehmen als Investitionsobjekte betrachtet, deren Anteilseignern finanzielle Mittel in Form von Cashflows zufließen.[71] Bei Cashflows handelt es sich um eine Unternehmenskennzahl, die den Überschuss der laufenden operativen Einzahlungen über die laufenden operativen Auszahlungen der Unternehmung beschreibt.[72]

Die DCF-Verfahren haben ihren Ursprung in den USA, gewinnen jedoch im deutschsprachigen Raum zunehmend an Bedeutung. Auch der IDW Standard „Grundsätze zur Durchführung von Unternehmensbewertungen (IDW S 1)" lässt erkennen, dass sich DCF-Verfahren weitgehend durchgesetzt haben.[73]

Grundsätzlich basieren die DCF-Verfahren auf dem Konzept, den Unternehmenswert durch Diskontierung der geschätzten zukünftig erwarteten Erträge zu ermitteln. Jene zukünftig erwarteten Erträge werden mit einem Kalkulationszinssatz[74] auf den Bewertungsstichtag abgezinst. Der Diskontierungszinssatz ist dabei anhand sachgerechter alternativer Investitionsmöglichkeiten zu bemessen.[75] Dieser Zinssatz wird üblicherweise mit dem Capital Asset Pricing Model (CAPM) bestimmt.[76] Der Unternehmenswert ergibt sich letztlich aus der Summe der diskontierten geschätzten zukünftigen Erträge und dem zum Liquidationswert angesetzten nicht betriebsnotwendigen Vermögen.[77]

---

[69] Vgl. Ernst et al. 2014, S. 25.

[70] Vgl. Ernst und Häcker 2012, S. 372.

[71] Vgl. Kaden 1997, S. 499–500.

[72] Vgl. Barth und Giannaku 2017, S. 163.

[73] Vgl. Bieg et al. 2016, S. 273.

[74] Mit Verweis auf weiterführende Literatur vgl. Peemöller und Kunowski 2012, S. 316ff.

[75] Vgl. Mandl und Rabel 1997, S. 31.

[76] Vgl. Seppelfricke 2012, S. 21 sowie Peemöller und Kunowski 2012, S. 322

[77] Vgl. Ernst et al. 2014, S. 25–26.

Die DCF-Verfahren können in Entity-Ansatz (Gesamtkapital- oder Bruttoansatz) und Equity-Ansatz (Eigenkapital- oder Nettoansatz) unterschieden werden.[78] Beim Entity-Ansatz wird bei der zweistufigen Berechnung des Marktwertes der Eigentümer (Shareholder Value) im ersten Schritt der Gesamtwert des Unternehmens aus dem Marktwert des Eigenkapitals, dem Marktwert des Fremdkapitals und dem nicht betriebsnotwendigen Vermögen ermittelt. In einem zweiten Schritt ergibt sich der gesuchte Wert des Eigenkapitals aus der Differenz des errechneten Unternehmensgesamtwertes und dem Marktwert des Fremdkapitals. Durch unterschiedliche Konzeptionen der Berechnung des Unternehmenswertes beim Entity-Ansatz kann zwischen dem WACC-Ansatz (Weighted Average Cost of Capital) und dem Adjusted-Present-Value-Ansatz (Verfahren des angepassten Barwerts oder kurz APV) unterschieden werden, wobei der Entity-Ansatz auf Basis von gewichteten Kapitalkosten (WACC) die am weitesten verbreitete Variante der Gesamtkapitalansätze darstellt.[79] Der Unterschied zwischen WACC und APV-Ansatz liegt in der differenzierten Betrachtung des Einflusses der Kapitalstruktur auf den Unternehmenswert.[80]

Der Equity-Ansatz hingegen kennzeichnet sich durch die direkte Bewertung der den Eigenkapitalgebern tatsächlich zustehenden Zahlungsströme (Flows to Equity)[81]. Die Berechnung des Shareholder Value erfolgt hierbei einstufig durch Diskontierung des Zahlungsstroms, der nach Reduktion aller Zins-, Investitions-, Steuer- und Tilgungszahlungen den Anteilseignern zur Verfügung gestellt werden kann.[82]

Der Gesamtkapitalansatz eignet sich für die laufende Bewertung größerer, börsennotierter Unternehmen. Dabei wird die Verzinsung des eingesetzten Kapitals unabhängig von der Herkunft beurteilt, das heißt es werden Free Cashflows bewertet, die gegenüber den Flows to Equity stabiler und transparenter sind, von der Finanzierung des Unternehmens nicht beeinflusst werden und sich gegenüber Bilanzmanipulationen relativ robust verhalten.[83] Die Bewertung auf Basis von Erträgen

---

[78] Vgl. Ballwieser 2011, S. 132.

[79] Vgl. Ernst und Häcker 2012, S. 373; Eine genauere Erklärung findet man bei Copeland et al. 2002.

[80] Vgl. Ernst und Häcker 2012, S. 374.

[81] Vgl. Seppelfricke 2012, S. 21.

[82] Vgl. ebenda. S. 28.

[83] Vgl. Bieg et al. 2016, S. 275; Vgl. Ernst und Häcker 2012, S. 374.

(vgl. hierzu Kapitel 2.3.2, S. 19) und nicht von Free Cashflows ist daher insofern als kritisch zu betrachten, da der Jahresüberschuss durch Bilanzierungs- und Bewertungsmaßnahmen in weiten Grenzen gestaltbar ist und stark von der Unternehmens- und Ausschüttungspolitik abhängt. Der Nettoansatz des DCF-Verfahrens eignet sich, um einen Konzern als die Summe der Werte der einzelnen Geschäftsbereiche zu bewerten.[84] Ein Vorteil gegenüber dem Bruttoansatz liegt in der niedrigeren Komplexität und der höheren Flexibilität bei der Anwendung.[85]

Die unterschiedlichen Bezeichnungen der verschiedenen DCF-Verfahren gehen nicht gleich mit einem anderen Bewertungsergebnis einher. Drukarczyk und Schüler betonen, dass bei konsistenter Handhabung der Verfahren gleiche Ergebnisse erzielt werden, wobei jedoch eine konsistente Anwendung nur unter erheblicher Anstrengung des Bewerters erfolgen kann.[86]

Die Stärken der DCF-Verfahren bauen auf der international anerkannten und gebräuchlichen Größe des Cashflows auf, der auch über länderspezifische Bilanzierungsverfahren vergleichbar ist und sich im Gegensatz zur Ertragswertmethode (vgl. Kapitel 2.3.2, S. 19) am Kapitalmarkt orientiert.[87] Ein Nachteil der DCF-Verfahren liegt jedoch sicherlich in der hohen Varianz der Ergebnisse abhängig von der Schätzung Input-Daten in Form von zukünftigen Cashflows.

2.3.2 Ertragswertverfahren

Während die Entity-Ansätze der Discounted-Cashflow-Verfahren die zukünftigen Cashflows des Unternehmens zu Grunde legen, verwendet das Ertragswertverfahren zukünftige handelsrechtliche Erfolge zur Berechnung des Unternehmenswertes.[88] Das Ertragswertverfahren ähnelt konzeptionell dem Equity-Ansatz der DCF-Verfahren, auch ihm liegt eine einstufige Bewertung zugrunde. Die Modelle kommen bei Verwendung der gleichen Inputdaten, also Cashflows und Kapitalkosten, zu dem gleichen Ergebnis.[89] Dem Ertragswertverfahren liegt die Kapitalwertmethode der Investitionsrechnung zugrunde.[90]

---

[84] Vgl. Seppelfricke 2012, S. 22.

[85] Vgl. Ernst und Häcker 2012, S. 376.

[86] Vgl. Drukarczyk und Schüler 2009, S. 125.

[87] Vgl. Peemöller et al. 1994, S. 746.

[88] Vgl. Bieg et al. 2016, S. 247.

[89] Vgl. Seppelfricke 2012, S. 36.

[90] Vgl. Mandl und Rabel 2012, S. 54

Verfah-ren	Entity-Verfahren			Equity-Verfahren	
	WACC	**Total Cashflow**	**APV**	**Flow to Equity**	**Ertragswert**
Cashflow-Definition	Free Cashflow • Vor Zinsen • Bei (fiktiver) vollständiger Eigenfinanzierung	Free Cashflow • Vor Zinsen • Bei tatsächlicher Kapitalstruktur	Free Cashflow • Vor Zinsen • Bei (fiktiver) vollständiger Eigenfinanzierung	Free Cashflow • Nach Zinsen	„Ertragsüberschüsse" • Nach Zinsen a) subjektiv b) objektiv
Diskontierungssatz	Steuerangepasster Mischzinsfuß (WACC) aus • Eigenkapitalkosten • Fremdkapitalkosten	Gewogene Kapitalkosten aus • Eigenkapitalkosten • Fremdkapitalkosten	Renditeforderung der Eigenkapitalgeber für das unverschuldete Unternehmen am Kapitalmarkt	Renditeforderung der Eigenkapitalgeber für das verschuldete Unternehmen am Kapitalmarkt	a) Individuelle Renditeforderung der Eigenkapitalgeber für das verschuldete Unternehmen am Kapitalmarkt b) Objektiver landesüblicher Zins
Ermittlung des Shareholder Value	Zweistufig: Marktwert des GK - Marktwert FK = Shareholder Value	Zweistufig: Marktwert des GK - Marktwert FK = Shareholder Value	Mehrstufig: Marktwert des GK (unverschuldet) + Barwert Tax Shield – Marktwert FK = Shareholder Value	Einstufig: Marktwert des Eigenkapitals = Shareholder Value	Einstufig: Marktwert des Eigenkapitals = Shareholder Value

Tabelle 1: Überblick zukunftsorientierte Verfahren[91]

---

[91] in Anlehnung an Mandl und Rabel 1997, S. 38.

Das Ertragswertverfahren stellt im Gegensatz zur Stellung im deutschsprachigen Raum im angloamerikanischen Bereich in der Literatur kein etabliertes Bewertungsverfahren dar. Die Berechnung des Unternehmenswertes erfolgt durch die Abzinsung von zukünftigen Ertragsüberschüssen mit den Renditeforderungen der Eigenkapitalgeber auf einen Bewertungsstichtag. Beim Ertragswertverfahren können, anders als bei den DCF-Verfahren nicht nur Cashflows der Liquiditätsebene, sondern auch Erfolgsgrößen aus der Ergebnisrechnung herangezogen werden.[92] Die Differenzierung in objektiven Unternehmenswert und subjektiven Entscheidungswert legt die Anwendung verschiedener Kapitalisierungszinssätze zugrunde. Der Kapitalisierungszins ergibt sich beim Ertragswertverfahren abhängig von der Sichtweise des Bewerters aus den individuellen Renditeforderungen der Eigenkapitalgeber oder einem objektiven landesüblichen Zinssatz.[93]

Die Unterschiede in den Discounted-Cashflow-Verfahren und dem Ertragswertverfahren liegen in der unterschiedlichen Definition der Cashflows, dem Diskontierungszinssatz, der Ermittlung des Shareholder-Values sowie dem sogenannten Tax Shield.[94] Tabelle 1 liefert einen genaueren Überblick über die zukunftsorientierten Gesamtbewertungsverfahren.

2.3.3 Multiplikator-Verfahren

Multiplikatorverfahren stellen marktpreisorientierte Bewertungsverfahren dar und werden auch als Vergleichsverfahren bezeichnet. Unter dem Schlagwort „market approach" sind Vergleichsverfahren vorwiegend in den USA verbreitet. Die Ermittlung des Unternehmenswertes erfolgt mit Hilfe aktueller Marktpreise und durch Kennzahlenvergleich mit vergleichbaren Unternehmen derselben Branche, wobei eine breite Informationsbasis und eine große Anzahl von Unternehmenstransaktionen, die als Erfahrungswerte dienen, für die Anwendung von Vergleichsverfahren nötig ist. Die hohe Anzahl an Transaktionen in den USA erklärt die dortige vermehrte Verbreitung der Vergleichsverfahren. Das verfügbare Datenmaterial wird umfassend ausgewertet und bildet in Form von sogenannten Multiplikatoren oder Multiples die Grundlage für das Multiplikatorverfahren. Multiples können sich branchenabhängig auf verschiedene Vergleichsgrößen beziehen. Als Beispiel sind

---

[92] Vgl. Seppelfricke 2012, S. 29–30.

[93] Vgl. ebenda, S. 35.

[94] Als Tax Shield wird die aus anteiliger Fremdfinanzierung resultierende Unternehmensersparnis durch Steuervorteil innerhalb einer Periode bezeichnet. Verwiesen wird hier auf Ernst et al. 2014, S. 36–37 und Ballwieser 2011, S. 136–139 sowie Baetge et al. 2012, S. 357 ff

hier vor allem Umsatz-, Cashflow- oder Gewinnmultiples zu nennen. Hierbei wird die gewählte Performancegröße des zu bewertenden Unternehmens mit dem entsprechenden Multiplikator derselben Branche multipliziert, um den Unternehmenswert zu ermitteln.[95]

Aufgrund der sehr einfachen und schnellen Anwendung werden Multiplikatorverfahren in der Bewertungspraxis häufig eingesetzt[96], stellen aber eher ein Preisfindungsverfahren als eine eigenständige Methode zur Unternehmensbewertung dar.[97] Desmond spricht hier gar von Erfahrungssätzen bzw. „Daumenregeln" („rules-of-thumb").[98] Nichtsdestotrotz können Vergleichsverfahren den Wertfindungsprozess sinnvoll unterstützen. Unter www.finance-magazin.de sind solche Multiples auch im deutschsprachigen Raum abzurufen.

2.4 Bewertungsprobleme und optionsbasierter Lösungsansatz

Die Berücksichtigung des Konzepts der Zweckadäquanz zeigt, dass es keinen „richtigen" Unternehmenswert gibt, sondern nur einen zweckadäquaten. Der Bewertungszweck bestimmt in gewisser Weise die Wahl des Bewertungsverfahrens.[99]

Die Unternehmensbewertung auf Basis der vorgestellten klassischen Bewertungsverfahren ist jedoch mit einigen konzeptionellen Fehlern behaftet, die die Ermittlung eines „richtigen" Unternehmenswertes nicht bzw. nur unter erschwerten Bedingungen ermöglichen. Grundlegende Bewertungsprobleme bei den Einzelbewertungsverfahren ergeben sich einerseits aus der Wahl des richtigen Wertansatzes sowie der Tatsache, dass die Einzelbewertung immaterielle Vermögensgegenstände wie bspw. Standortvorteile, Mitarbeiterqualität, Marken, Kundenbeziehungen usw. nicht zu bewerten vermag. Die Substanzwertverfahren wären somit nur aussagekräftig, wenn eben diese Faktoren für die Bewertung nicht ausschlaggebend wären. Da die Unternehmenssubstanz im Grunde nur das Mittel zur Erwirtschaftung von Zahlungsströmen darstellt, eignen sich die Substanzwertverfahren zur Bewertung von Unternehmen im Sinne einer auf zukünftige Gewinne ausgerichtete Institution nicht.

---

[95] Vgl. Mandl und Rabel 2012, S. 77–81

[96] Vgl. Ernst und Häcker 2012, S. 433.

[97] Vgl. Ernst et al. 2014, S. 25.

[98] Vgl. Desmond 1994

[99] Vgl. Ernst et al. 2014, S. 16.

Sowohl den Discounted-Cashflow-Verfahren wie auch dem Ertragswertverfahren liegt ein fehlerhaftes Konzept bei Berechnung des Bruttokapitalwerts zugrunde. Die Berechnung von Kapitalwerten setzt die Vollkommenheit des Kapitalmarktes[100] voraus, da jedoch vollkommene und vollständige Kapitalmärkte in der Praxis nicht vorliegen, ist die Berechnung eines Bruttokapitalwerts immer mit Fehlern verbunden. Diese theoretische Annahme eines vollkommenen Kapitalmarkts macht es auch unmöglich, den relevanten Zinssatz zur Diskontierung der zukünftigen Erträge zu ermitteln, auch hier ist die Berechnung des Bruttokapitalwerts fehlerhaft.[101]

Das Ertragswertverfahren ist mit weiteren Mängeln behaftet, die auch auf die Varianten der DCF-Verfahren zu übertragen sind. Die Ausschüttungspolitik des Unternehmens ist strategie- oder geschäftspolitikabhängig und somit durch die Eigentümer in weiten Teilen gestaltbar. Das DCF-Verfahren ist dem Ertragswertverfahren in dieser Hinsicht einen Schritt voraus, da es den Unternehmenswert auf Basis von freien Cashflows und nicht von Erträgen ermittelt. Das Ertragswertverfahren widerspricht sich hier selbst, da ausgeschüttete Nettozahlungen and die Eigentümer ein Unternehmen praktisch schwächen, bei Berechnung mit der Ertragswertmethode jedoch zu einem höheren Unternehmenswert führen. Zudem wird die Höhe der Nettozahlungen auch von der Umwelt in Form von Nachfragerverhalten, Konkurrenz oder dem Staat als marktregulierendes Organ geprägt.

Dadurch stellt nicht nur die Berechnung von Kapitalwerten, sondern auch die Prognose von validen Planwerten bei Ermittlung des Unternehmenswertes ein Problem dar. Dadurch, dass die Schätzung der zukünftigen Erträge auf Basis von Vergangenheitswerten basiert und zusätzlich von Umweltentwicklungen und der eigenen Geschäftspolitik beeinflusst wird, ist auch diese Prognose fehlerhaft und entspricht scheinbar nicht der Realität. Ausgehend von diesen Annahmen ist zu klären, wie diese Unsicherheit der Schätzung durch einen adäquaten Risikofaktor abgebildet werden kann.[102]

---

100 Die Vollkommenheit des Kapitalmarkts beschreibt die sichere und homogene Erwartungen von Unternehmen und Anlegern, keine Transaktionskosten und Steuern, Einheitszins für Anlage und Verschuldung. Vgl. Franke und Hax 2009, S. 155.

101 Vgl. Ballwieser 2011, S. 14–15.

102 Vgl. ebenda, S. 16.

Alle in Kapitel 3 vorgestellten klassischen Bewertungsverfahren teilen die Grundannahme einer statischen Zukunft. Sowohl Einzel-, Misch- als auch Gesamtbewertungsverfahren implizieren, dass das Management von Unternehmen die zum Bewertungszeitpunkt projizierten Investitionen oder Desinvestitionen in der Form auch tatsächlich durchführen. Dabei wird unter Annahme von irreversiblen Investitionsauszahlungen grundsätzlich nur das Szenario einer „Entweder-Oder"-Entscheidung bzw. „Jetzt-Oder-Nie"-Entscheidung berücksichtigt.[103] Stellt der Unternehmens- bzw. Unternehmensanteilkauf eine rentable Investitionsmöglichkeit in Form von positiven Kapitalwerten dar, so wird die Investition durchgeführt werden, andernfalls nicht.[104]

In der Praxis ergeben sich jedoch noch weitere Faktoren, die einen Einfluss auf eine Investitions- oder Desinvestitionsentscheidung haben. Das Management kann durch ein Hinauszögern der Investitionsentscheidung weitere Information erhalten, die für die Entscheidung von wesentlicher Bedeutung sind. Investitions- oder Desinvestitionsmöglichkeiten können durch unvorhergesehene Einflüsse mit der Zeit an Wert verlieren sowie auch gewinnen.[105] Diese erfolgsverändernden Handlungsflexibilitäten werden von den bisher vorgestellten klassischen Bewertungsverfahren nicht berücksichtigt, da schon bei der Investitionsentscheidung die Zeitpunkte aller Ein- und Auszahlungen festzulegen sind.[106] Dabei stellen ebendiese Handlungsflexibilitäten, die basierend auf der Analogie zur Optionspreistheorie auch als Realoptionen bezeichnet werden, einen großen Wert dar, der mit dem sogenannten Realoptionsansatz quantifiziert werden kann. Folglich resultiert die Gefahr von Fehlentscheidungen bei alleiniger Bewertung mit klassischen Verfahren, da Investitionsvorhaben, die Handlungsflexibilitäten eröffnen, systematisch unterbewertet werden.[107] Im folgenden Kapitel 4 wird das eigentliche Kernthema dieser Thesis, der Realoptionsansatz, näher untersucht.

---

[103] Vgl. Dixit und Pindyck 1994, 105 f.

[104] Vgl. Seppelfricke 2012, S. 105.

[105] Vgl. Seppelfricke 2012, S. 105.

[106] Vgl. Kühn et al. 2000, S. 45.

[107] Vgl. Kühn et al. 2000, S. 43; Copeland und Antikarov 2002, S. 21; Dixit und Pindyck 1994, S. 11.

3 Der Realoptionsansatz zur Bewertung von Handlungsflexibilitäten

3.1 Handlungsflexibilitäten bewerten

Die internationale Unternehmenslandschaft ist heute durch gestiegene Unsicherheit gekennzeichnet, wobei die Gründe hierfür vielfältig sind: Globalisierung, verkürzte Produktlebenszyklen, disruptive Trends sowie die rasante Weiterentwicklung der Technologien sind als Beispiele zu nennen. Um dieser Unsicherheit gegenüberzutreten, wird unternehmerische Flexibilität im Allgemeinen als entsprechendes Mittel gesehen.[108] Dabei wird diese Flexibilität als werthaltig eingestuft, da Unternehmen dadurch von unerwartet positiven Entwicklungen profitieren oder sich vor Verlusten aus unerwartet negativen Entwicklungen schützen können.[109] Die Missachtung von unternehmerischer Flexibilität im Zuge von Unternehmensbewertungen führt folglich zu einer systematischen Unterbewertung und zu Fehlentscheidungen.[110] Um diese Handlungsflexibilitäten gerade auch für junge Unternehmen der New Economy quantifizieren zu können, beschäftigte sich die Literatur speziell in den letzten zwei Jahrzehnten, letztlich ausgehend vom Börsencrash Ende der 1990er Jahre sowie dem Platzen der Dotcom-Blase 2000, vermehrt mit dem Realoptionsansatz. Ertragswertverfahren sowie DCF-Verfahren vermochten in diesem Zusammenhang die tatsächlich bei Transaktionen bezahlten Preise nicht mehr zu erklären[111], die erzielten Wertdifferenzen wurden zum Teil mit vorhandener Handlungsflexibilität in Form von Realoptionen begründet.[112] Obwohl sehr viel Literatur und eine steigende Anzahl von Fachbüchern zu diesem Thema vorhanden ist, wird der Realoptionsansatz in der Praxis (noch) nicht verbreitet eingesetzt.[113]

Fischer Black und Myron Scholes gelang 1973 mit der Veröffentlichung einer Bewertungsformel ein Meilenstein im Hinblick auf die Bepreisung von Optionen.[114] Auch Cox, Ross und Rubinstein konnten 1979 das sogenannte Binomial-Modell zur

---

[108] Vgl. Peemöller und Beckmann 2012, S. 1177

[109] Vgl. Carmichael 2016, S. 266.

[110] Vgl. Kühn et al. 2000, S. 43; Copeland und Antikarov 2002, S. 21; Dixit und Pindyck 1994, S. XI.

[111] Vgl. Löhr und Rams 2000, S. 1983.

[112] Vgl. Freihube 2001, S. 171

[113] Vgl. Carmichael 2016, S. 266.

[114] Vgl. Black und Scholes 1973.

Erfassung von Optionspreisen entwickeln.[115] Erst Myers setzte 1977 die Optionspreistheorie mit der Bewertung von Unternehmen in Verbindung und erkannte, dass sich der Unternehmenswert nicht nur aus dem durch die klassischen Methoden ermittelten Werten zusammensetzt, sondern auch aus Wachstumsmöglichkeiten.[116]

Die Anwendungsgebiete des Realoptionsansatz reichen von der Bewertung einzelner Investitionen bis zur Bewertung von Unternehmensteilen oder ganzen Unternehmen. Im Fokus dieser Arbeit liegt die komplementäre Anwendung des Realoptionsansatzes mit klassischen Methoden der Unternehmensbewertung basierend auf einer Trennung der Wertkomponenten in einen passiven und aktiven Unternehmenswert. Der passive Unternehmenswert wird mit klassischen Bewertungsmethoden ermittelt. Realoptionen bewerten die mit Investitionen verbundenen Handlungsspielräume des Managements[117], die mit klassischen Methoden nicht abgebildet werden können. Der aktive Unternehmenswert besteht somit aus Handlungsflexibilitäten des Managements und wird zum passiven Unternehmenswert addiert. Vergleiche hierzu Abbildung 3.

---

[115] Vgl. Cox et al. 1979.

[116] Vgl. Copeland et al. 2002, S. 467.

[117] Vgl. Franke und Hax 2009, S. 290.

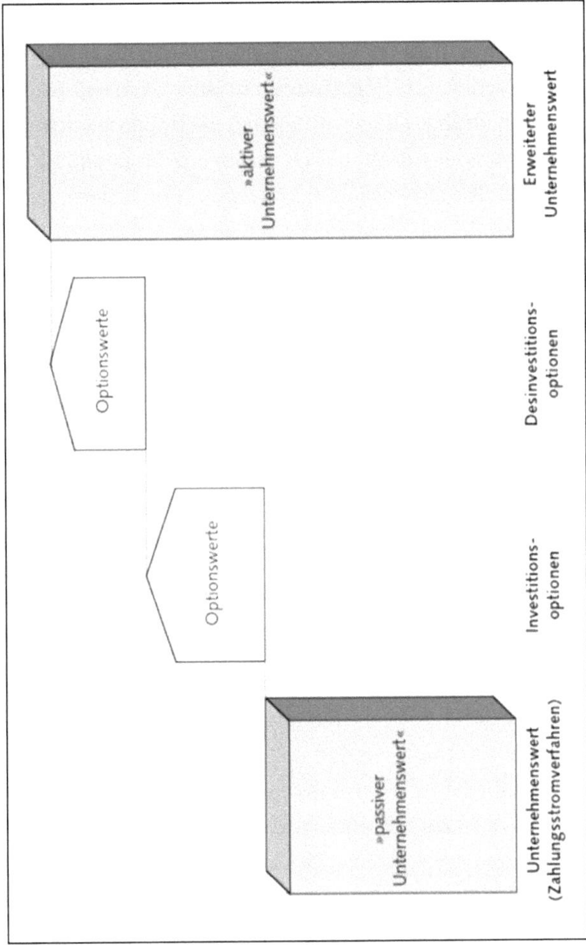

Abbildung 3: Ergänzung der Unternehmensbewertung durch den Realoptionsansatz[118]

Zur Verdeutlichung kann folgendes Beispiel einer Unternehmensbewertung herangezogen werden: Mit dem passiven Unternehmenswert kann eine wahrscheinliche Entwicklung des Unternehmens ohne Berücksichtigung von etwaigen Handlungsflexibilitäten und auf Basis der aktuellen Kapazitäten beschrieben werden. Über den passiven Unternehmenswert hinaus besteht die Möglichkeit, dass aufgrund unerwarteter Geschehnisse positive Entwicklungen eintreten können.

---

[118] Quelle: Seppelfricke 2012, S. 106.

Beispielsweise ist es möglich, durch die Erschließung neuer Absatzmärkte die Kapazitäten erweitern zu können. Folglich hat das Unternehmen die Option, eine Erweiterung durchzuführen oder nicht. Tritt dieses positive Szenario jedoch nicht ein, wird von der Erweiterung abgesehen werden und die Option schützt somit vor einem Verlust. Abhängig von der Anzahl der Optionen, die bestehen, ist der Wert dieser Realoptionen (Handlungsspielräume) dem passiven Unternehmenswert hinzuzufügen.[119]

Durch die Übertragung der ursprünglich auf Finanzoptionen bezogenen Optionspreistheorie auf realwirtschaftliche Gegebenheiten können Realoptionen bewertet werden. Dabei teilen Realoptionen einige der Charakteristika von Finanzoptionen und der Realoptionsansatz ist auch auf diese zurückzuführen. Im Folgenden wird deshalb auf optionstheoretische Grundprinzipien sowie auf die Analogie zwischen Finanz- und Realoptionen eingegangen.

3.2 Optionstheoretische Grundprinzipien

Ein derivatives Finanzinstrument ist ein Vertrag zwischen zwei Parteien (Käufer und Verkäufer), dessen wirtschaftlicher Wert vom beizulegenden Zeitwert einer marktbezogenen Referenzgröße abgeleitet wird. Beispielsweise stellen Rohstoffe, Währungen, Aktien, Zinsen oder Indizes die Referenzgröße dar, die auch als Basiswert oder Underlying bezeichnet wird.[120] Derivate werden auch als Sammelbegriff für Termingeschäfte bezeichnet und werden aus institutioneller Sicht häufig genutzt, um sich gegen das Risiko bei Schwankungen von beispielsweise Rohstoffpreisen, Währungskursen oder Zinssätzen abzusichern. Neben Optionsgeschäften (Optionen) zählen auch sogenannte Futures, Swapgeschäfte (Swaps) und Forwards zu den Derivaten.[121] Ein Charakteristikum von Termingeschäften ist, im Gegensatz zu Kassageschäften, der zeitliche Unterschied von Konditionsfestlegung und Durchführung der Transaktion.[122] Eine Option beinhaltet das Recht aber nicht die Verpflichtung, einen Vermögensgegenstand in einer bestimmten Zeitperiode zu bestimmten Konditionen (striking price) zu kaufen (Call Option) oder zu verkaufen

---

[119] Vgl. Hayn 2012, S. 799

[120] Vgl. Vishwanath 2007, S. 239.

[121] Für weiterführende Literatur zu Termingeschäften vgl. Prokop und Borde 2010, S. 129ff sowie Perridon et al. 2014, S. 237ff.

[122] Vgl. Prokop und Borde 2010, S. 131.

(Put Option).[123] Dabei wird zwischen der amerikanischen Option, die innerhalb der bestimmten Zeitperiode jederzeit ausgeübt werden kann und der europäischen Option, die nur an einem bei Vertragsabschluss bestimmten zukünftigen Datum realisiert werden kann, unterschieden.[124] Da es sich bei Optionen um ein bedingtes Termingeschäft mit einseitiger Vorteilhaftigkeit handelt, daher der Käufer der Option das Wahlrecht (lateinisch „optio") hat, die Option auszuüben oder nicht, wird eine Prämie an den Verkäufer (Stillhalter) der Option fällig, wobei der Verkäufer der Option dem Vertrag in jedem Fall nachkommen muss.[125] Das Wahlrecht wird vom Käufer allerdings nur ausgeübt werden, wenn die Transaktion für ihn vorteilhaft ist.[126] Der Inhaber einer Option lässt diese verfallen, wenn er sie nicht am spätestmöglichen Zeitpunkt ausübt.[127] Zur Erklärung der Funktionsweise von Optionen kann folgendes Beispiel einer Call-Option herangezogen werden:

Der Besitzer einer Call-Option erwirbt mit Bezahlung der Optionsprämie an den Stillhalter das Recht, einen Vermögensgegenstand (Aktie, Rohstoffe etc.) zu einem vorher fixierten Preis vom Verkäufer kaufen zu können, wird dieses Recht jedoch nur ausüben, wenn der Kurs (Börsenkurs bei Aktien) des Underlying am Verfallsdatum über dem Ausübungspreis (striking price) der Option liegt.

---

[123] Vgl. Perridon et al. 2014, S. 328.
[124] Vgl. Black und Scholes 1973, S. 637.
[125] Vgl. Vishwanath 2007, S. 239; Prokop und Borde 2010, S. 131.
[126] Vgl. Prokop und Borde 2010, S. 131.
[127] Vgl. ebenda, S. 153.

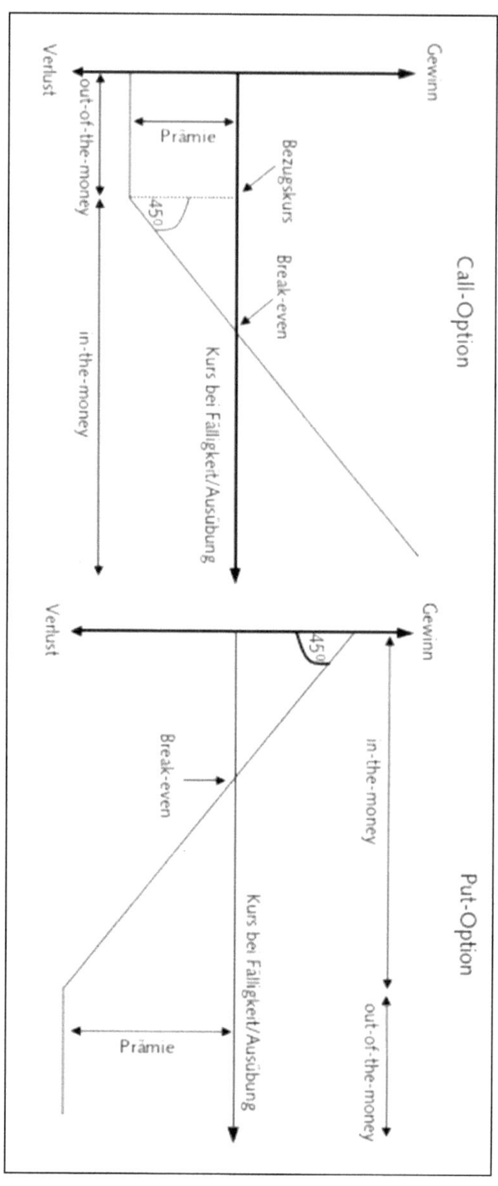

Abbildung 4: Schematische Darstellung einer Call- und Put-Option[128]

---

[128] Quelle: Seppelfricke 2012, S. 108.

Liegt der Kurs des Underlying zum Verfallsdatum unter dem striking price, so würde der Käufer der Option bei Ausübung des Optionsrechts das Underlying zu einem Preis kaufen, der über dem Börsenkurs liegt. Der Verlust des Käufers beschränkt sich auf die bezahlte Optionsprämie. Der Käufer einer Call-Option hat demnach das Recht, aber nicht die Pflicht, durch Ausübung seiner Option das Underlying zum vorher vereinbarten Preis zu kaufen. Dabei muss der Verkäufer seiner Pflicht, das Underlying bei Ausübung des Optionsrechts durch den Verkäufer, zu liefern, nachkommen. Abbildung 4 zeigt den Kauf und Verkauf einer Option schematisch.

Das vorangegangene Beispiel zeigt den Kauf einer Kaufoption (Long Call). Der Käufer der Option erhält das Recht, den Basiswert vom Verkäufer zu kaufen. Aus Sicht des Verkäufers handelt es sich folglich um den Verkauf einer Kaufoption (Short Call). Zusätzlich besteht auch die Möglichkeit, eine Verkaufsoption zu kaufen (Long Put) bzw. zu verkaufen (Short Put).[129] Tabelle 2 stellt diese vier Grundpositionen von Optionsgeschäften schematisch dar.

	Käufer	**Verkäufer**
Call	Long Call	Short Call
	• Zahlt Optionsprämie	• Erhält Optionsprämie
	• Besitzt Kaufrecht	• Stillhalter in Wertpapieren
	• Gewinn: unbegrenzt	• Gewinn: max. Optionsprämie
	• Verlust: max. Optionsprämie	• Verlust: unbegrenzt
Put	Long Put	Short Put
	• Zahlt Optionsprämie	• Erhält Optionsprämie
	• Besitzt Verkaufsrecht	• Stillhalter in Geld
	• Gewinn: Differenz aus Basispreis und Optionsprämie	• Gewinn: Optionsprämie
	• Verlust: Optionsprämie	• Verlust: Differenz aus Marktpreis des Underlying und Basispreis zzgl. Optionsprämie

Tabelle 2: Grundpositionen in Optionsgeschäften[130]

Der Optionspreis ergibt sich im Allgemeinen aus Angebot und Nachfrage am Terminmarkt und lässt sich aus theoretischer Sicht in den inneren Wert und den Zeitwert der Option untergliedern, wobei sich der innere Wert einer Option aus der

---

[129] Für weiterführende Literatur zu Optionen verweise ich auf Prokop und Borde 2010, S. 152ff und Perridon et al. 2014, S. 345, Vishwanath 2007, S. 239 sowie auf die Artikel von Black und Scholes 1972 und 1973.

[130] In Anlehnung an Steiner und Bruns 2002, S. 318 und Prokop und Borde 2010, S. 154.

Differenz vom Marktpreis des Underlying und dem Basispreis ergibt. Abhängig von der Position des Optionsinhabers (Call oder Put), ergibt sich ein positiver innerer Wert der Option, wenn:

- Call: Basispreis < Marktpreis
- Put: Basispreis > Marktpreis

Der Zeitwert hingegen verkörpert den Wert der Option, bis zum Ende der Laufzeit noch einen (weiteren) inneren Wert zu erzeugen und entspricht dem Betrag, um den der tatsächliche Optionspreis ihren inneren Wert übersteigt.[131]

3.3 Prinzipielle Analogie zwischen Finanz- und Realoptionen

Durch die Übertragung der in Kapitel 3.2 (S. 28) vorgestellten optionstheoretischen Grundlagen, die sich eigentlich auf Finanzoptionen beziehen, auf realwirtschaftliche Gegebenheiten können Realoptionen bewertet werden. Dabei werden bei Finanz- und Realoptionen drei Gemeinsamkeiten vorausgesetzt:

Flexibilität: Der Inhaber einer Option besitzt eine gewisse Flexibilität, da er vor einem Wahlrecht steht, die Option auszuüben oder diese verfallen zu lassen.[132]

Irreversibilität: Wird die Option ausgeübt, so wird das Optionsrecht aufgehoben und sogenannte „Sunk Costs" (versunkene, irreversible Kosten) in Höhe der Investitionsauszahlungen entstehen.[133]

Unsicherheit: Eine gewisse Unsicherheit bezüglich der Kursentwicklung der Option besteht und es können keine Prognosen die Zukunft betreffend getroffen werden.

Die Optionspreistheorie lässt sich jedoch nicht im gleichen Sinn auf Realoptionen übertragen, was aus diesen Gründen einen der Kritikpunkte des Realoptionsansatz darstellt.[134] Für die Bewertung von Finanzoptionen ist es notwendig, dass diese auf einem liquiden Markt gehandelt werden.[135] Realoptionen entsprechen realen Handlungsflexibilitäten und werden daher im Allgemeinen auf keinem Markt gehandelt. Realoptionen kennzeichnen sich auch dadurch, dass im Gegensatz zu

---

[131] Vgl. Prokop und Borde 2010, S. 156f.
[132] Vgl. Peemöller und Beckmann 2012, S. 1182.
[133] Vgl. Prokop und Borde 2010, S. 154.
[134] Vgl. Carmichael 2016, S. 267, Trigeorgis 1996, S. 127
[135] Vgl. Black und Scholes 1973, S. 640.

Finanzoptionen, wo das Ausübungsrecht nur dem Optionsinhaber zur Verfügung steht, das Ausübungsrecht zwangsläufig mit anderen Marktteilnehmern geteilt werden muss.[136] Zudem bestehen bei der Ausübung einer Realoption oft wechselseitige Wirkungen, die andere Optionswerte beeinflussen können. Die Rahmenbedingungen wie beispielsweise die Laufzeit oder der Ausübungspreis von Finanzoptionen sind vertraglich geregelt und klar definiert, während Realoptionen häufig in Managemententscheidungen mit bestimmten Parametern eingebettet sind. Das Ausüben von Finanzoptionen kann zu einer sofortigen Rendite führen, wohingegen die Ausübung sowie der Nutzen der Ausübung einer Realoption über einen langen Zeitraum hinweg eintreten können.[137]

Zur Bewertung von Realoptionen wird auf die Optionspreistheorie zurückgegriffen. Dabei spielen vorwiegend das Binomial-Modell von Cox/Ross/Rubinstein sowie das Modell von Black/Scholes eine Rolle. Dabei wird eine grundsätzliche Analogie von Finanzoptionen zu Realoptionen vorausgesetzt, wobei jene Parallelen leicht beschreibbar sind. Die Option, eine Investitionsentscheidung aufzuschieben, stellt für das Unternehmen eine Möglichkeit dar, zum jetzigen Zeitpunkt oder in Zukunft Kapital zu investieren, um im Gegenzug dafür zukünftige Rückflüsse zu erzielen.[138] Dabei entsprechen die Investitionsausgaben dem Ausübungskurs. Im Gegensatz zu einer Finanzoption wurde diese Möglichkeit jedoch nicht erworben, sondern durch verschiedene Aspekte wie der Marktposition, dem Ruf oder anderen Ressourcen im Geschäftsverlauf erlangt. Wo die Finanzoption ein bestimmtes Ablaufdatum aufweist, stellt die Möglichkeit zur realen Investition im Grunde eine unbegrenzte Laufzeit dar. Wird die Investition getätigt, entspricht dies der Ausübung einer Option, wobei bei Tätigung der irreversiblen Investition auch Opportunitätskosten entstehen und die Möglichkeit einer späteren Investition und einer damit eventuell einhergehenden besseren Informationslage aufgegeben wird. Der Nettokapitalwert (Net Present Value, NPV), der nur den inneren Wert einer Option darstellt, wird mit der Tätigung der Investition realisiert. Dabei muss die Kapitalwertregel, die bei positiver Differenz des Barwertes der Investition über die Anschaffungskosten eine Investition nahelegt, abgeändert werden, da andernfalls der Zeitwert der Option vernachlässigt werden würde.[139] Der Zeitwert bewertet die

---

[136] Vgl. Trigeorgis 1996, S. 128

[137] Vgl. Carmichael 2016, S. 267.

[138] Vgl. Peemöller und Beckmann 2012, S. 1188

[139] Vgl. Seppelfricke 2012, S. 108.

Möglichkeit, bis zum Realisierungsdatum der Option noch einen höheren Gewinn zu erzielen und es zeigt sich, dass dieser Zeitwert signifikant sein kann. Diese Werte müssen daher bei der Bewertung des Unternehmens in das Kalkül einfließen. Tabelle 3 stellt die Parallelen von Finanz- zu Realoptionen übersichtlich dar. Ein Beispiel zur Verdeutlichung findet man bei Seppelfricke, das im Folgenden kurz veranschaulicht wird:[140]

Ein Unternehmen steht vor der Wahl, eine irreversible Investition zu tätigen. Die Anschaffungskosten belaufen sich auf 800€, die jährlichen Rückflüsse werden auf 100€ geschätzt und der Diskontierungszinssatz mit 10% festgelegt. Der relevante Nettokapitalwert (NPV) beträgt in diesem Fall somit 200€. Der positive Gegenwartswert würde eine Investition empfehlen, d.h. der Barwert der Rückflüsse übersteigt die Investitionsausgaben. Es wird angenommen, dass die Möglichkeit besteht, die Investition hinauszuzögern und somit weitere entscheidungsrelevante Daten zu erhalten. Die Opportunitätskosten würden somit bei der Entscheidung nach der Nettokapitalwertregel nicht beachtet. Ein Abwarten auf ein zukünftiges Steigen oder Fallen des Preises kann sich lohnen, wobei die Wahrscheinlichkeit, dass die Rückflüsse auf 150€ steigen oder auf 50€ fallen jeweils mit 0.5 angenommen wird. Das Unternehmen entscheidet sich dafür, die Entscheidung für eine Periode aufzuschieben und wird nur dann investieren, wenn die Rückflüsse steigen. Daraus ergibt sich ein neuer Nettokapitalwert von 318,18€. Zusammenfassend lässt sich der gestiegene NPV durch die Option, die Investition aufzuschieben und nur bei positiver Entwicklung zu investieren, erklären. Der Wert der Option von 318,18€ besteht aus dem inneren Wert von 200€ sowie dem Zeitwert von 118,18€, der durch die Möglichkeit entstanden ist, bei negativer Entwicklung der Rückflüsse auf die Investition verzichten zu können und bei positiver Entwicklung gesteigerte Gewinne zu realisieren.

---

[140] Für die Herleitung der Ergebnisse samt der angewandten Formeln vgl. das genannte Beispiel von Seppelfricke 2012, S. 109.

Finanzoption	Realoption
Tageskurs	Barwert der Einzahlungsüberschüsse (Kapitalwert)
Basispreis	Anschaffungskosten
Innerer Wert	Nettokapitalwert (NPV)
Laufzeit	Zeitraum für Handlungsspielraum
Volatilität	Streuung der Einzahlungsüberschüsse
Dividende	Entgangene Cashflows bei Nichtausübung der Realoption
Risikoloser Zins	Risikoloser Zins
Wert der Call-Option	Wert der Investitionsmöglichkeit
Wert der Put-Option	Wert der Desinvestitionsmöglichkeit
Zeitwert	Wert des Wartens
Ausübungsregel	Investitionsregel

Tabelle 3: Parallelen von Finanz- und Realoptionen[141]

Die Tätigung einer Investition mit irreversiblem und aufschiebbarem Charakter bedeutet im Umkehrschluss die Aufgabe einer Option.[142] Wie Black und Scholes bereits feststellten, kann eine Option, die im Grunde ein Wahlrecht darstellt, niemals einen negativen Wert annehmen[143], weshalb die Kapitalwertregel um den Faktor der Opportunitätskosten entsprechend ergänzt werden muss. Diese Überlegung führt dazu, dass der Kapitalwert der Investition zuzüglich der Opportunitätskosten höher sein muss als die Investitionsausgaben.[144]

3.4 Klassifikation von Realoptionen

Um die Struktur von Realoptionen weiter zu verdeutlichen, können ebendiese weiter untergliedert werden. Dabei findet man in der Literatur keine einheitliche Klassifikation, die Zahl sowie die Bezeichnungen der Untergliederungen variieren teils stark. Die hier vorgenommene Klassifikation orientiert sich an Trigeorgis sowie weiters an Peemöller und Beckmann.[145]

---

141 In Anlehnung an Seppelfricke 2012, S. 110.

142 Vgl. Peemöller und Beckmann 2012, S. 1187

143 Vgl. Black und Scholes 1973, S. 638.

144 Vgl. Seppelfricke 2012, S. 110.

145 Vgl. Trigeorgis 1993, S. 204. sowie Peemöller und Beckmann 2012, S. 1184f

3.4.1 Warteoption

Die Ausübung einer Option kann verzögert oder aufgeschoben werden, bis sich erfolgsrelevante Umstände ändern. Dabei kann die Verzögerung der Investitionsentscheidung in Ausblick auf höhere zukünftige Marktpreise, vorteilhafte technische Neuerungen oder behördliche Genehmigungen basieren.[146]

3.4.1.1 Option auf stufenweise Investition

Optionen auf stufenweise Investition stellen eine Reihe aufeinanderfolgender Investitionsschritte dar. Beispielsweise können Großprojekte mit einer langen Fertigstellungsdauer aus mehreren Stufen bestehen, wobei auf jeder dieser Stufen auch die Option, den Beginn der Durchführung zu verzögern (Warteoption) oder eine oder mehrere Optionen, das Projekt abzubrechen (Abbruchoption), existieren.[147]

3.4.1.2 Abbruchoption

Um eine Abbruchoption handelt es sich, wenn bei ungünstiger Entwicklung eines Projektes die Möglichkeit besteht, die Fortführung des Vorhabens abzubrechen. Diese Option wird ausgeübt werden, wenn die Einsparungen aus dem Abbruch die zukünftigen Einnahmen überwiegen, die ohne dem Abbruch bestanden hätten.[148] Auch eine zeitweise Stilllegung mit anschließender Wiederaufnahme der Investitionstätigkeiten ist neben dem vollständigen Abbruch denkbar.[149]

3.4.1.3 Erweiterungs- und Einschränkungsoption

Ein typisches Erweiterungsszenario stellt die Möglichkeit dar, aufgrund positiver Entwicklung der bereits getätigten Investition zusätzliche Investitionen tätigen zu können. Beispiele sind Kapazitätserweiterung. Im Gegensatz dazu existieren auch Einschränkungsoptionen, die eine Verminderung des Investitionsumfangs ermöglichen.[150]

---

146 Vgl. Eschenbach et al. 2009, S. 5.

147 Vgl. Trigeorgis 1996, S. 10–11.

148 Vgl. Copeland und Weiner 1990, S. 151.

149 Vgl. Peemöller und Beckmann 2012, S. 1184

150 Vgl. Carmichael 2016, S. 269.

3.4.1.4 Umstellungsoption

Umstellungs- bzw. Wechseloptionen ermöglichen es, innerhalb eines durchgeführten Investitionsprojektes die relevanten Faktoren zu verändern. Als Beispiel kann ein stromerzeugendes Unternehmen angesehen werden, das abhängig von den jeweiligen Marktpreisen zum Betrieb des Kraftwerks entweder Gas oder Kohle verbrennen kann.[151]

3.4.1.5 Wachstumsoption

Wachstumsoptionen stellen Investitionsmöglichkeiten dar, die im Allgemeinen mit einer Kaufoption vergleichbar sind und ermöglichen Folgeinvestitionen. Beispielsweise stellt die Möglichkeit auf Eintritt in neue Märkte bei Übernahme eines anderen Unternehmens durch weitere Investitionen eine Wachstumsoption dar.[152]

Die verschiedenen Typen von Realoptionen stellen im Prinzip alle Warteoptionen dar, da Investitionsmöglichkeiten hinausgeschoben werden können, um den Erhalt von entscheidungsrelevanten Daten abzuwarten.[153] Ein einzelnes Investitionsprojekt kann ohne weiters aus mehreren Realoptionen bestehen. Zudem bestehen zwischen diesen Optionen Abhängigkeiten und Interdependenzen, die bei der Bewertung zu berücksichtigen sind.[154] Jedoch ist die Identifikation und Bewertung aller Optionswerte eines Projektes in der Praxis nur schwer möglich. Daher ist der Bewerter aufgrund der großen Komplexität gezwungen, sich auf die ausschlaggebenden Optionen zu beschränken.[155]

3.5 Bewertungsmodelle

Zur Bewertung von Realoptionen haben sich die optionspreistheoretischen Modelle von Cox/Ross/Rubinstein und von Black/Scholes sowie darauf aufbauende weitere Ableitungen etabliert, verschiedene weitere Verfahren werden jedoch in der Literatur unterschieden. Das sogenannte Binomial-Modell von Cox/Ross/Rubinstein stellt im Gegensatz zum Modell von Black und Scholes ein mathematisch relativ wenig komplexes Modell dar. Der Hauptunterschied der beiden Ansätze liegt in der differenzierten Abbildung der Entwicklung des Underlying. Dabei kann

---

[151] Vgl. Peemöller und Beckmann 2012, S. 1184f.

[152] Vgl. ebenda, S. 1185.

[153] Vgl. Kühn et al. 2000, S. 46.

[154] Vgl. Myers 1984, S. 134.

[155] Vgl. Peemöller und Beckmann 2012, S. 1185.

das Binomial-Modell als zeitdiskretes Modell bezeichnet werden, das Modell von Black und Scholes als zeitstetiges. Diese beiden Verfahren werden im Folgenden vorgestellt, wobei auf eine detaillierte Ausführung verzichtet wird.[156] Zur Bewertung von Realoptionen setzen beide Modelle folgende Prämissen voraus:[157]

- Vollkommener Kapitalmarkt ohne Möglichkeit der Arbitrage[158]

- Keine Berücksichtigung von Transaktionskosten und Steuern

- Konstanter Marktzins bis zum Ablaufzeitpunkt der Option

- Die Option ist europäischer Natur, vgl. hierzu Kapitel 3.2 (S. 28)

- Es fallen bis zum Ablaufdatum keine Dividendenzahlungen an

Weiters müssen die Restlaufzeit sowie der Ausübungspreis der Option bekannt sein. Für die Herleitung der Bewertungsformel wird ein Aktienkurs modelliert bzw. nachgebildet, wobei der Optionspreis von diesem Aktienkurs und dessen Verlauf abhängt.[159] Die beiden Optionspreismodelle verfolgen dabei jeweils einen unterschiedlichen Ansatz.

3.5.1 Binomial-Modell

Das Binomial-Modell von Cox/Ross/Rubinstein[160], auch CRR-Modell genannt, stellt ein mathematisch wenig komplexes Bewertungsverfahren dar. Dem Namen zu entnehmen basiert das Binomial-Modell auf der vereinfachten Grundannahme, dass der Wert eines bestimmten Underlying in der nächsten Periode entweder mit einem Wertanstieg oder Wertverlust nur zwei Zustände (binomial) annehmen kann.[161] Dabei wird die positive wie auch negative Entwicklung eines zu Grunde liegenden Underlying mit jeweils einem Wertänderungsfaktor festgesetzt, um die beiden möglichen Kurswerte des Underlying am Ende der Laufzeit (europäisches

---

[156] Auf eine detailliertere Ausführung wird verzichtet, für weiterführende Literatur zu den Bewertungsmodellen vgl. bspw. Vishwanath 2007, S. 245 ff; Seppelfricke 2012, S. 113 ff; Black und Scholes 1972.

[157] Vgl. Günther et al. 2003, S. 178 f

[158] „Arbitrage im engeren Sinne zielt darauf ab, Preisunterschiede an verschiedenen Börsen-/Handelsplätzen auszunutzen, indem Kontrakte an der billigeren Börse gekauft und an der teureren verkauft werden. Markineffizienzen werden dadurch ausgeglichen, und für den Arbitrageur handelt es sich um eine risikolose Transaktion." (Perridon et al. 2014, S. 333).

[159] Vgl. Günther et al. 2003, S. 179

[160] Vgl. Cox et al. 1979.

[161] Vgl. Peemöller und Beckmann 2012, S. 1190, zu den Grundlagen und Annahmen des Binomial-Modells vgl. z.B. Beckmann 2006, S. 57 ff.

Modell) zu bestimmen. Der faire Wert einer Option kann durch zwei Varianten, der sogenannten Duplikationsmethode und der risikoneutralen Bewertung, berechnet werden. Zur Berechnung des fairen Preises einer Option setzt das Binomial-Modell unter anderem einen vollkommenen Kapitalmarkt ohne Steuern und Transaktionskosten voraus.[162]

Grundsätzlich kann das Binomial-Modell in ein einperiodiges (vgl. Abbildung 5: Einperiodiges Binomial-Modell) und ein mehrperiodiges Modell unterteilt werden, wobei das einperiodige Modell eine Laufzeit der Option von einer Periode darstellt, sich aber auf eine beliebig lange Laufzeit der Warteoption (mehrperiodiges Modell) ausdehnen lässt.[163] Zur Herleitung der Optionspreisformel wird nach der Idee der arbitragefreien Bewertung der Optionspreis über die Wertentwicklung des Underlying nachgebildet, wobei dies über ein Hedge-Portfolio sowie über die Sicherheitsäquivalenzmethode geschieht.[164]

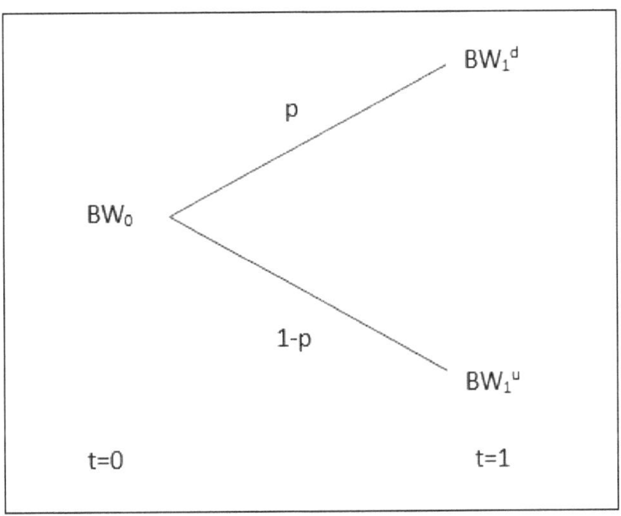

Abbildung 5: Einperiodiges Binomial-Modell[165]

---

[162] Vgl. Seppelfricke 2012, S. 113.

[163] Vgl. Peemöller und Beckmann 2012, S. 1192

[164] Für genauere Ausführungen zur theoretischen Herleitung der Bewertungsformel und weitere Literatur verweise ich auf Seppelfricke 2012, S. 114ff.

[165] In Anlehnung an Peemöller und Beckmann 2012, S. 1191

Das Binomialmodell eignet sich grundsätzlich für begrenzte Laufzeiten von Realoptionen, da die Bewertung des Periodenmodells bei längeren Laufzeiten kaum sinnvoll anwendbar ist. Allerdings beschränkt sich das Modell bei der theoretischen Abbildung der Kursentwicklung des Basiswertes nur auf zwei zukünftig mögliche Zustände, wobei aufgrund der Schwankungsbreite des Underlying eine unendliche Vielzahl an Möglichkeiten gegeben sind.[166] Diese Kernannahme erweist sich allerdings als unrealistisch.

3.5.2 Black-Scholes-Modell

Das Modell von Black/Scholes[167] und der Vollständigkeit geschuldet auch von Merton, geht im Gegensatz zum Binomial-Modell davon aus, dass die Entwicklung des Aktienkurses ein konstanter stochastischer Prozess ist. Das Modell weist eine gewisse Ähnlichkeit zum Binomial-modell auf. Jedoch werden die Zeitperioden beim Black-Scholes-Modell in unendlich viele Abschnitte geteilt. Daraus ergibt sich das zeitkontinuierliche System (engl. continous-time model) und das Black-Scholes-Modell stellt das zeitkontinuierliche Modell des Binomial-Modells dar.[168] Zusätzlich zu den in Kapitel 3.5 (S. 37) erläuterten Grundannahmen setzt dieses Modell eine Normalverteilung der Erträge der Basiswerte sowie eine bekannte und über die Optionslaufzeit konstante Volatilität voraus.[169] Der Aktienkurs wurde von Black, Scholes und Merton durch eine sogenannte geometrische Brown'sche Bewegung[170] nachgebildet. Der Aktienkurs, so wird es angenommen, bewegt sich zu jedem Zeitpunkt durch Zufall, Kursveränderungen können dadurch mit Differentialgleichungen beschrieben werden.[171]

Trotz der mathematisch hohen Komplexität und der Kompromisse, die grundsätzliche Schwachstellen des Modells darstellen, zur besseren Handhabung allerdings eingegangen werden müssen, stellt das Black-Scholes-Modell und vor allem die daraus abgeleitete Formel eines der am etabliertesten Optionsbewertungsverfahren dar. Wie bei jedem Modell wird auch bei den beiden hier vorgestellten Verfahren

---

[166] Vgl. Seppelfricke 2012, S. 119.

[167] Vgl. Black und Scholes 1973

[168] Vgl. finanzderivate.info 2019

[169] Vgl. Günther et al. 2003, S. 187.

[170] Die geometrische Brown'sche Bewegung ist ein stochastischer Prozess, der vorwiegend in der Finanzmathematik Anwendung findet und im Modell von Black/Scholes/Merton als Näherung für den Preisprozess des Underlying herangezogen wird, vgl. deacademic.com 2019

[171] Vgl. Günther et al. 2003, S. 186.

die unternehmerische Praxis nur schemenhaft abgebildet, wobei eine exaktere Abbildung die Aufnahme zusätzlicher Einflussfaktoren verlangen würde, was wiederum zu einer Abnahme der Attraktivität durch höhere Komplexität des mathematischen Modells führen würde.

4 Die komplementäre Anwendung des Realoptionsansatzes und klassischen Methoden

4.1 Integration des Realoptionsansatzes

In einem vorangegangenen Kapitel dieser Thesis wurden die als klassisch kategorisierten Unternehmensbewertungsverfahren einzeln vorgestellt. Die verschiedenen theoretischen Zugänge zu Einzelbewertungs-, Gesamtbewertungs- sowie Mischverfahren wurden einer Analyse unterzogen. Dabei wurden Bewertungsprobleme der klassischen Methoden vor allem auf Basis der fehlenden Beachtung von möglichen Handlungsflexibilitäten aufgezeigt. Aufbauend auf dieser Erkenntnis wurde der Realoptionsansatz als Bewertungsverfahren vorgestellt, der ebendiese Flexibilität in Form von Optionswerten quantifizieren kann. In diesem Kapitel wird der theoretische Ansatz des Realoptionsverfahren einer kritischen Reflexion unterzogen, um die positiven wie auch negativen Aspekte des Ansatzes herauszuarbeiten. Auch die Stärken und Schwächen der traditionellen Verfahren werden zusammenfassend kurz beleuchtet. Bisher wurden sowohl die klassischen Methoden wie auch der Realoptionsansatz als jeweils eigenständige Verfahren betrachtet. Dabei stellt der Realoptionsansatz jedoch keinen Anspruch auf eine Verdrängung der etablierten Bewertungsverfahren, vielmehr soll der Ansatz als eine auf klassischen Verfahren aufbauende Methode vorgestellt werden, um die positiven Aspekte beider Ansätze in einem möglichen Kombinationsverfahren zu vereinen. Dabei wird der Realoptionsansatz in der Literatur grundsätzlich nur als komplementäre Methode zu zukunftsorientierten Verfahren, vorwiegend aber zum Discounted-Cashflow-Verfahren, diskutiert, ein auch die restlichen in dieser Arbeit vorgestellten Bewertungsansätze umfassendes theoretisches Kalkül sowie eine praktische Anwendung dessen scheint nicht verbreitet. Dabei muss die Frage gestellt werden, ob ebendiese klassischen Verfahren in Verbindung mit dem Realoptionsansatz werthaltige Ergebnisse erzielen können und die Hinzunahme der Quantifizierung von Handlungsflexibilitäten einen exakteren Unternehmenswert generieren können. Deshalb soll die Eignung der Bewertungsansätze zur Nutzung in Kombination mit dem Realoptionsverfahren theoretisch erörtert und auf mögliche und bereits bestehende Einsatzgebiete sowie die Grenzen der praktischen Anwendbarkeit eingegangen werden.

4.2 Kritische Reflexion des Realoptionsansatzes

Der Realoptionsansatz stellt ein innovatives Bewertungsverfahren dar, welches in Bezug auf die Quantifizierung von Handlungsflexibilitäten im Management eines Unternehmens den klassischen Verfahren der Unternehmensbewertung zumindest in theoretischer Hinsicht voraus ist. Dabei wird dieser Bewertungsansatz grundsätzlich als sinnvolle Ergänzung und komplementäre Methode zu den Zukunftserfolgsverfahren wie beispielsweise dem DCF-Verfahren gesehen, da durch die teils hohe Komplexität des Verfahrens an sich, dem Problem der Identifikation der Optionswerte sowie deren Abhängigkeiten untereinander eine Unternehmensbewertung ausschließlich auf Basis von Realoptionen nicht beziehungsweise nur unter erschwerten Bedingungen möglich ist. Die fachliche Spezialisierung des Bewerters jedoch sollte die Anwendung des Realoptionsansatzes im Allgemeinen erlauben. Dabei spaltet der Realoptionsansatz die Literatur in gewisser Weise in zwei Lager. Wo von Befürwortern gerade in Zeiten des Aufkommens des Realoptionsansatzes beispielsweise von einer Innovation ohne Gleichen[172] und einem großem Potential gesprochen wird, werden die Erwartungen an die praktische Anwendbarkeit auf der anderen Seite von den Kritikern zum Teil als deutlich überzogen bewertet. Auch die unvollkommene Übertragbarkeit der Optionspreistheorie auf Realoptionen sowie die hohe Komplexität und die Datengewinnungsprobleme lassen die Kritiker daran zweifeln, dass der Realoptionsansatz einen grundlegenden Beitrag zur Verbesserung des Entscheidungsfindungsprozesses im Management von Unternehmen leisten wird.[173]

Gleich der Unsicherheit bei Schätzungen der zukünftigen Rückflüsse bei den Zukunftserfolgsverfahren reagiert das Realoptionsmodell sehr sensibel auf eine Variation der getroffenen Prognosen.[174] Zusätzlich stellt die Abgrenzung und isolierte Betrachtung der einzelnen Optionswerte in der Praxis eine große Schwierigkeit dar. Auch der Realoptionsansatz unterliegt somit einer gewissen Missbrauchsanfälligkeit, sei es durch gewollte oder auch ungewollte Einflussnahme auf das Bewertungsergebnis. Der Realoptionsansatz impliziert jedoch im Gegensatz zu klassischen Bewertungsverfahren die Existenz eines Wertes unternehmerischer Flexibilität schon bevor Ertragspotenziale konkret nutzbar gemacht werden. Dabei kann dieser Zeitwert eine das Investitionsverhalten beeinflussende Größe

---

[172] Vgl. Micalizzi und Trigeorgis 1999, S. 19.

[173] Vgl. Peemöller und Beckmann 2012, S. 1204

[174] Vgl. Adams und Rudolf 2005, S. 361

darstellen und somit von bewertungsrelevanter Natur sein.[175] Schon Myers erkannte, dass sich der Unternehmenswert aus passiven und aktiven Werten zusammensetzt. Der Realoptionsansatz stellt dabei ein Verfahren dar, das aufbauend auf den passiven Unternehmenswert, der sich aus klassischen Bewertungsverfahren ergibt, die Dynamik einer aktiv agierenden und reagierenden Unternehmensführung zu bewerten vermag.[176]

Die genannten Kritikpunkte können jedoch zum Teil auch als Vorteil des Realoptionsverfahren gesehen werden. Dadurch, dass die Identifikation von Optionswerten in einem Unternehmen grundsätzlich einen hohen (zeitlichen) Anspruch an den Bewerter stellt, ist dieser gezwungen, sich intensiv mit dem Unternehmen sowie einer Prüfung der Teilbereiche mit Optionscharakter auseinanderzusetzen. Dabei stellt der Realoptionsansatz ein Konzept dar, das über die alleinige Bewertungsfunktion hinausreicht und auch als Führungsinstrument verstanden wird.[177] So kann der Realoptionsansatz in einer unterstützenden Funktion beispielsweise dabei helfen, Strategien zu identifizieren und auch zu entwickeln. Zur Identifikation von Strategien und Handlungsflexibilitäten sowie den zugehörigen Underlyings wird grundsätzlich eine Szenario-Analyse angewandt.[178] Schon das Bewusstsein, unternehmerische Handlungsflexibilitäten bewertbar machen zu können, trägt zur Unterstützung der Identifikation der Optionswerte bei, wodurch auch zugehörige Risiken sichtbar gemacht werden können.[179]

4.3 Kritische Reflexion der klassischen Verfahren

Grundsätzlich zeichnen sich die klassischen Verfahren der Unternehmensbewertung im Vergleich zum Realoptionsansatz durch die mathematisch relativ einfache Handhabung aus. Dabei ist auch das Problem der Informationsgewinnung zu vernachlässigen, da die Verfahren im Allgemeinen auf bereits vorhandenen Bilanzkennzahlen bzw. für den Bewerter meist leicht zugänglichen Daten basieren. Dem gegenüber stehen einige konzeptionelle Fehler. Die Einzelbewertungsverfahren, die auf der Bewertung der bereits vorhandenen Unternehmenssubstanz basieren,

---

[175] Vgl. Seppelfricke 2012, S. 130.

[176] Vgl. Adams und Rudolf 2005, S. 341

[177] Vgl. Ernst et al. 2010, S. 310.

[178] Vgl. Skudlarek 2001, S. 74, für weiterführende Literatur zur Szenario-Analyse vgl. Hayn 2012, S. 789ff.

[179] Vgl. Amram und Kulatilaka 1999, S. 64

stehen hierbei vor dem Problem der Wahl des richtigen Wertansatzes für die jeweiligen Vermögensgegenstände und sind zusätzlich von weiteren Faktoren wie beispielsweise dem Zeitdruck bei einer Liquidation abhängig. Zudem können bei der Unternehmensbewertung nach dem Substanzwertverfahren keine immateriellen Assets, obwohl diese oft einen beträchtlichen Teil des Unternehmenswertes darstellen, beachtet werden. Der Vorteil dieser Verfahren liegt in der einfachen Anwendbarkeit und Verständlichkeit auch für Laien. Zudem kann die Analyse vorhandener Unternehmenssubstanz als Hilfe zur Ermittlung des zukünftigen Investitionsbedarfs sowie der Schätzung der Ertragspotenziale dienen.[180]

Das Multiplikatorverfahren als ein Gesamtbewertungsverfahren stellt grundsätzlich eher ein einfaches Preisfindungsverfahren als eine eigenständige Bewertungsmethode dar. Der Ansatz an sich hat den Vorteil der einfachen Handhabung bei Kenntnis der Verwendung der richtigen Multiples. Zur Berechnung jener Multiples ist jedoch ein sehr breiter Datensatz notwendig, wobei der Bewerter selbst hiervon grundsätzlich nicht betroffen ist.

Den zukunftsorientierten Methoden wie dem Discounted-Cashflow-Verfahren sowie dem Ertragswertverfahren liegt ein fehlerhaftes Konzept bei der Berechnung des Bruttokapitalwerts zugrunde. Unter anderem setzt die Berechnung des Unternehmenswertes einen vollkommenen Kapitalmarkt voraus, was in der Realität jedoch nicht der Fall ist. Auch die Bestimmung eines Diskontierungszinssatzes ist unter diesen Annahmen mit Fehlern behaftet. Ein weiterer Kritikpunkt vor allem des Ertragswertverfahrens ist die von der Geschäftspolitik und -strategie abhängige und von den Anteilseignern in weiten Teilen gestaltbare Ausschüttung der Erträge. Dabei widerspricht sich das Ertragswertverfahren im Grunde selbst, da ausgeschüttete Nettoerträge ein Unternehmen allgemein schwächen, bei Bewertung mit dem Ertragswertverfahren jedoch zu einem höheren Unternehmenswert führen können.

---

[180] Vgl. Nölle 2005, S. 24

Bewertungsansatz	Stärken	Schwächen
Substanzwertverfahren	• Einfache Handhabung • Analyse vorhandener Unternehmenssubstanz	• Wahl des richtigen Wertansatzes • Abhängig von externen Faktoren (bspw. Zeitdruck bei Liquidation) • Immaterielle Vermögensgegenstände werden nicht bewertet • Missachtung von Optionswerten
Multiplikatormethode	• Sehr einfache und schnelle Handhabung	• Eher Preisfindungsverfahren als eigenständige Bewertungsmethode
Zukunftsorientierte Verfahren	• DCF-Verfahren: Cashflow als international anerkannte Bilanzgröße • International weit verbreitet • IDW-Standard	• Konzeptionelle Fehler durch Voraussetzung eines vollkommenen Kapitalmarkts • Einfluss auf Wert durch Ausschüttungspolitik • Prognose Zukunftsplanwerte • Abbildung von Unsicherheit • Missachtung von Optionswerten
Realoptionsansatz	• Bewertung von unternehmerischen Flexibilitäten • Intensive Auseinandersetzung mit Unternehmen durch Identifikation von Optionswerten • Managementinstrument	• Hohe Komplexität • Identifikation von Optionswerten • Interdependenzen zw. Optionen • Datengewinnungsprobleme • Unsichere Prognosen

Tabelle 4: Zusammenfassung der Stärken und Schwächen der Bewertungsverfahren[181]

---

[181] Eigene Darstellung.

Das DCF-Verfahren begegnet diesem Problem dadurch, dass anstelle der ausschüttbaren Erträge die freien Cashflows bewertet werden. Beiden Methoden ist zusätzlich die unsichere Prognose von validen Zukunftsplanwerten auf Basis von vorangegangenen Werten gleich. Zudem muss die Frage gestellt werden, wie ebendiese Unsicherheit bei der Bewertung entsprechend abgebildet werden kann. Neben den konzeptionellen Schwächen der klassischen Bewertungsverfahren besteht zusätzlich das Problem der Missachtung von realen Optionswerten, die als Handlungsflexibilitäten des Management bei Investitionsentscheidungen vorhanden sind. Sowohl die Einzel-, Gesamt- als auch Mischverfahren basieren hierbei auf der Grundannahme einer statischen Zukunft und implizieren somit ein passives Unternehmensmanagement. Entgegen aller Nachteile sind die zukunftsorientierten Verfahren wie das Discounted-Cashflow-Verfahren und das Ertragswertverfahren weit verbreitet und der Cashflow eine international anerkannte Bilanzgröße. Zusammenfassend bildet die Tabelle 4 die Stärken und Schwächen der jeweiligen Bewertungsansätze ab.

4.4 Anwendungsgebiete

Von den Bewertungsverfahren wird oftmals das Bild vermittelt, dass zur Bewertung eines Unternehmens die richtige Methode angewandt werden muss, um einen fairen Unternehmenswert errechnen zu können. Um es aus der Sicht dieser Thesis zu sehen, hätte der Bewerter die Wahl zwischen den klassischen Methoden und dem Realoptionsansatz. Eine Bewertung auf Basis von traditionellen Verfahren stellt eine mathematisch weniger komplexe Anforderung dar und garantiert grundsätzlich ein schnelles und übersichtliches Bewertungsergebnis. Handlungsflexibilitäten des Managements werden dabei jedoch nicht beachtet, was somit einer unzureichenden Abbildung der Wirklichkeit entspricht und in einer systematischen Unterbewertung des Unternehmens bzw. der Unternehmensanteile resultiert. Wie bereits dargestellt, kann mit Hilfe der Quantifizierung von realen Optionswerten der aktive Teil des Unternehmenswertes bewertet werden und somit ein genauerer Wert erzielt werden. Durch die steigende Komplexität ist die Bewertung jedoch unter anderem mit einem höherem Aufwand verbunden.

Grundsätzlich gilt jedoch das Prinzip der Zweckadäquanz, das einen vom Bewertungszweck abhängigen Ansatz empfiehlt. Dabei stellt diese Entscheidung im Allgemeinen keine „Entweder-Oder-Situation" dar, vielmehr ist es zielführend, zur Validierung eines Bewertungsergebnisses die Unternehmensbewertung zusätzlich auch auf Basis anderer Methoden durchzuführen. Somit kann auch etwaigen

Kalkulationsfehlern vorgebeugt werden. Zudem kann sich, wie auch beim Realoptionsansatz, eine komplementäre Nutzung in vielen Fällen und aus mehreren Gründen als sinnvoll erachten. Vor Allem ist aber auch die dem Bewertungsobjekt zugrunde liegende Unsicherheit in die Entscheidung miteinzubeziehen. Die Bewertung mittels Realoptionsansatz stellt in Branchen, deren Unternehmenserfolg von zukünftigen ungewissen Ereignissen als auch den Entscheidungen der Unternehmensführung abhängt und somit mit einer hohen Unsicherheit behaftet sind, eine sinnvolle Ergänzung zu zukunftsorientierten Verfahren dar.[182] Sofern das Bewertungsobjekt von einer geringen Unsicherheit betroffen ist und das Management über eher wenige Handlungsflexibilitäten verfügt, so stellt das Hinzuziehen des Realoptionsansatzes grundsätzlich keine Verbesserung gegenüber der alleinigen Unternehmensbewertung mit klassischen Methoden dar. In jedem Fall sollte einer Bewertung mittels Realoptionsansatz eine Analyse und eine Identifikation der vorhandenen Handlungsflexibilitäten vorausgehen und eine Bewertung nur dann durchgeführt werden, wenn dem immensen Bewertungsaufwand entsprechend hohe Optionswerte zu erwarten sind.[183]

Durch die Trennung des Unternehmenswerts in eine eher sichere (passive) und eine eher unsichere (aktive) Teilkomponente kann eine höhere Transparenz des Bewertungsergebnisses erzielt werden. Wird das Realoptionsverfahren als komplementäre Bewertungsmethode gewählt, ist bei Bewertung des passiven Unternehmenswertes auf Basis klassischer Methoden auf eine sehr konservative Quantifizierung der Flexibilitätskomponente zu achten, um eine mögliche Mehrfachbewertung von Optionswerten zu vermeiden und den Unternehmenswert dadurch fälschlicherweise zu beeinflussen. Somit sind eventuelle positive Planungsszenarien durch die Bewertung mittels klassischer Methoden nicht zu berücksichtigen.[184]

Der Realoptionsansatz als komplementäres Instrument wird in der Literatur grundsätzlich nur aufbauend auf zukunftsorientierte Verfahren, hauptsächlich jedoch dem DCF-Verfahren behandelt, eine Nutzung aufbauend auf anderen Bewertungsmethoden scheint nicht verbreitet. Dabei muss die Frage gestellt werden, ob nicht auch zu anderen klassischen Methoden die Bewertung mittels Realoptionen einen Sinn ergibt, da der Ansatz grundsätzlich nicht auf das DCF-Verfahren

---

[182] Vgl. Habbel et al. 2011, S. 11
[183] Vgl. Ernst et al. 2010, S. 278
[184] Vgl. ebenda, S. 278.

beschränkt oder die aus diesem Verfahren erzielten Bewertungsergebnisse angewiesen ist. Das Realoptionsverfahren stellt in Branchen, in denen der Unternehmenserfolg maßgeblich von zukünftigen unbekannten Geschehnissen sowie den Entscheidungen des Managements abhängt, eine sinnvolle Erweiterung zur Bewertung der aktiven Teilkomponente des Unternehmenswerts dar. Jedoch kann angenommen werden, dass auch Unternehmen, die nicht auf Basis von DCF-Verfahren bewertet werden, einer Zukunft mit unsicheren und ungewissen Entwicklungen entgegenblicken und deren weitere Erfolge stark von den Entscheidungen der Unternehmensführung abhängen.

Das Substanzwertverfahren als Einzelbewertungsmethode bewertet ein Unternehmen anhand der Summe seiner einzelnen Vermögensgegenstände abzüglich den Schulden. Dabei stellt dieser Ansatz ein relativ einfaches und auch für Nicht-Fachleute leicht nachvollziehbares Instrument der Unternehmensbewertung dar. Der Nachteil des Substanzwertverfahrens liegt darin, dass aufgrund der isolierten Bewertung von einzelnen Vermögensgegenständen der Wert immaterieller Assets, zu denen auch der Wert von unternehmerischen Flexibilitäten zählt, nicht berücksichtigt werden kann. Das Anwendungsgebiet dieses Verfahrens beschränkt sich im Allgemeinen auf ertragsschwache Unternehmen mit hohem Substanzwert und auf Unternehmen, bei denen nicht mehr von einer Fortführung der Geschäftstätigkeit ausgegangen wird. Die komplementäre Anwendung des Realoptionsansatzes auf Basis der Einzelbewertungsverfahren scheint aus diesem Grunde nicht als angemessen. Dem hohen Bewertungsaufwand stehen keine entsprechenden Optionswerte gegenüber, der Realoptionsansatz würde grundsätzlich zu keinem besseren Bewertungsergebnis führen. Jedoch wird das Substanzwertverfahren auf Basis von Reproduktionswerten auch in Branchen angewandt, in denen eine Bewertung mittels zukunftsorientierter Verfahren die immensen Substanzwerte des Unternehmens nicht oder nicht entsprechend berücksichtigen kann. Unternehmen wie Brauereien oder Immobiliengesellschaften, die naturgemäß eine große Unternehmenssubstanz in Form von Grundstücken und Immobilien aufweisen, aber aus proportionaler Sichtweise eher niedrige Erträge erwirtschaften, sind hier als Beispiel zu nennen. Dabei ist zum einen die Entwicklung von Immobilienpreisen einer großen Schwankung und Unsicherheit ausgesetzt, was eine Optionswertkomponente rechtfertigen würde. Zum anderen kann der Kauf neuer Anbauflächen einer Brauerei mit großer Unsicherheit hinsichtlich der Rohstoff- bzw. Bierpreisentwicklung oder der Nutzbarkeit dieser Flächen behaftet sein, was wiederum eine Bewertung auf Basis von Realoptionen zumindest auf Projektebene befürworten würde. Aus theoretischer Sicht könnte sich das Hinzuziehen des Realoptionsverfahren zum Substanzwertverfahren auf Basis von Reproduktionswerten unter den getroffenen Umständen durchaus als sinnvoll erweisen. Der Vorteil der einfachen Handhabung und leichten Nachvollziehbarkeit des Verfahrens würde damit jedoch an Bedeutung verlieren.

Das Mittelwertverfahren, das Übergewinnverfahren sowie die spezielle Form davon, das Stuttgarter Verfahren, stellen Mischverfahren der Unternehmensbewertung dar, die jeweils zu einem gewichteten Teil die Substanz als auch die Ertragskraft eines Unternehmens in die Bewertung miteinfließen lassen und somit eine Weiterentwicklung der Substanzwertverfahren darstellen.[185] Eine komplementäre Nutzung des Realoptionsverfahren ist aus theoretischer Sicht auch hier unter den bereits getroffenen Annahmen vorstellbar. Aufgrund des Einflusses von Ertragswerten auf den Gesamtwert ist auch hier auf eine sehr konservative Quantifizierung von zukünftigen Potentialen zu achten. Gleich wie bei den Substanzwertverfahren würde der Vorteil der Mittelwertverfahren der geringen Komplexität durch Hinzunahme des Realoptionsansatzes an Bedeutung verlieren.

Dass der Realoptionsansatz als eine auf dem DCF-Verfahren aufbauende Bewertungsmethode zumindest in der Literatur verbreitet ist, lässt aufgrund der Ähnlichkeit des Discounted-Cashflow-Ansatzes zum Ertragswertverfahren die Überlegung aufkommen, auch eine komplementäre Nutzung zu diesem vorzuschlagen. Dabei wird das DCF-Verfahren neben dem in Deutschland bisher weit verbreiteten Ertragswertverfahren vom Institut der Wirtschaftsprüfer als weitere anerkannte Bewertungsmethode akzeptiert.[186] In Lehrbüchern wird aufgrund der Ähnlichkeit des Ertragswertverfahren zum DCF-Equity-Ansatz zum Teil bereits auf diesen verwiesen. Ausgehend von dieser Ähnlichkeit kann davon ausgegangen werden, dass der Realoptionsansatz auch aufbauend auf dem Ertragswertverfahren eine sinnvolle Ergänzung zum passiven Unternehmenswert darstellen kann.

Zu den Gesamtbewertungsverfahren ist auch das Multiplikatorverfahren zu zählen, mit dem auf Basis aktueller Marktpreise und mit Hilfe eines Kennzahlenvergleichs mit vergleichbaren Unternehmen der gleichen Branche ein Unternehmenswert errechnet wird. Dabei stellt das Verfahren ein marktpreisorientiertes Vergleichsverfahren dar, wobei sich die sogenannten Multiples aus einer breiten Datenbasis

---

[185] Vgl. Ernst et al. 2010, S. 5
[186] Vgl. Ernst et al. 2010, S. 10.

vergangener Unternehmenstransaktionen ergeben. Bei der Bewertung auf Basis von Realoptionen als zusätzliches Instrument zu klassischen Verfahren ist auf die Vermeidung einer doppelten Bewertung von Optionswerten zu achten. Zusätzlich sind etwaige Handlungsflexibilitäten bei der Quantifizierung der passiven Komponente des Unternehmenswerts sehr konservativ anzusetzen. Eine komplementäre Nutzung des Realoptionsverfahren scheint sich dadurch als theoretisch falsch zu erweisen, da nicht bekannt ist, inwieweit auf dem Markt für Unternehmenstransaktionen der Wert von Handlungsflexibilitäten bereits in die Entwicklung der Multiples miteinbezogen wurde, da das Multiplikatorverfahren auf den Kennzahlen vergangener Unternehmenstransaktionen basiert. Bei Bewertung von börsennotierten Aktiengesellschaften und den im Aktien- und schlussendlich auch Unternehmenspreis eingepreisten Emotionen der Anteilseigner erscheint das Multiplikatorverfahren zudem als problematisch. Zudem wird das Multiplikatorverfahren aus wissenschaftlicher Sichtweise grundsätzlich abgelehnt. In der Bewertungspraxis findet das Verfahren allerdings hauptsächlich als Faustregel und unterstützende Methode Anwendung.

Der Realoptionsansatz als alleiniges Bewertungsverfahren ist aufgrund der hohen Komplexität in der Bewertungspraxis grundsätzlich zu vernachlässigen, Ausnahmen bestehen jedoch beispielsweise bei der Bewertung von Start-Ups und jungen Unternehmen aus der Internet- oder Software-Branche sowie bei Biotechnologie-Unternehmen. Auf branchenübergreifender Ebene stellt das Realoptionsverfahren bei der Bewertung von Projekten oder einzelnen Investitionen jedoch eine sinnvolle Möglichkeit dar.[187]

4.5 Problematik der praktischen Anwendbarkeit

In der Theorie stellt der Realoptionsansatz ein den klassischen Bewertungsmethoden in Bezug auf die Quantifizierung von Optionswerten überlegenes Verfahren dar. Auf die kritischen Punkte des Ansatzes wurde bereits Bezug genommen, hieraus ergeben sich in der praktischen Anwendbarkeit die Grenzen des Realoptionsverfahren als komplementäre Bewertungsmethode, die im Folgenden aufgezeigt werden. Grundsätzlich lassen sich die Hauptprobleme der praktischen Anwendbarkeit neben dem der hohen mathematischen Komplexität auf ein Informations-, Analyse- und Bewertungsproblem begrenzen.[188] Dabei stellt sich vor jeder

---

[187] Vgl. Habbel et al. 2011, S. 11–12
[188] Vgl. Skudlarek 2001, S. 75.

Unternehmensbewertung die Frage, inwieweit das Bewertungsergebnis klassischer Methoden durch Hinzuziehen des Realoptionsverfahren verbessert werden kann und ob der dadurch entstandene Mehraufwand das vermeintlich exaktere Bewertungsergebnis rechtfertigen kann.

Davon ausgehend, dass Unternehmensbewertungen im Allgemeinen von externen, d.h. unternehmensfremden Bewertern durchgeführt werden, können in der Regel auch nur externe Unternehmensdaten in die Bewertung miteinbezogen werden. Eine vollständige Quantifizierung aller relevanten Optionswerte bedingt jedoch auch die Kenntnis über interne Informationen, die externen Dienstleistern jedoch meist verwehrt ist. Folglich umfasst eine Bewertung auf Basis von Optionswerten nur einen Teilbereich und nicht die Gesamtheit der erfassbaren Werte, was wiederum in einer Unterbewertung des Unternehmens resultiert. Doch auch internen Bewertern ist eine genauere Identifikation der Optionswerte oft nicht möglich, da dies die Kenntnis über allfällige strategische Möglichkeiten des Managements voraussetzt, die benötigten Informationen jedoch nicht aus dem bilanziellen Rechnungswesen ermittelt werden können. Kann das Informationsproblem überwunden werden, so stellt die Aufbereitung und Analyse der gesammelten Daten insofern ein weiteres Problem dar, dass die gegenseitigen Wechselwirkungen der Optionswerte zur Vermeidung unabsichtlicher Einflussnahme auf das Bewertungsergebnis keiner Doppelbewertung unterliegen dürfen. Zudem sind die jeweiligen Realoptionen auf deren Konkurrenzeinfluss und Exklusivität hin zu überprüfen. Aus der meist hohen Anzahl an Optionswerten sowie deren Interdependenzen ergibt sich ein grundlegendes Bewertungsproblem, welches es zum Teil selbst durch starke Vereinfachung des Verfahrens bzw. der jeweiligen Annahmen nahezu unmöglich macht, eine relevante Bewertung praktisch durchführen zu können. Eine Beschränkung auf die Bewertung isoliert lösbarer Teilprobleme beispielsweise auf Projektebene scheint daher angebracht.[189]

Den Realoptionsansatz jedoch aufgrund seiner Schwächen und Grenzen in der praktischen Anwendbarkeit vollkommen zu verwerfen, kann aus nachfolgenden Gründen abgelehnt werden: Grundsätzlich sollte die hohe mathematische Komplexität des Ansatzes für die meist hochspezialisierten externen Bewerter aus bspw. Wirtschaftsprüfungsgesellschaften kein relevantes Problem darstellen. Bei Betrachtung vor allem der Zukunftserfolgswertverfahren wird deutlich, dass auch

---

[189] Vgl. Skudlarek 2001, S. 75

jene Ansätze bei isolierter Betrachtung einem ähnlichen Informations- als auch Analyseproblem unterliegen, trotzdem in der Bewertungspraxis die etablierten Methoden darstellen. Die Erweiterung des damit ermittelten statischen Unternehmenswertes mittels Quantifizierung von Optionswerten stellt gegenüber alleiniger Betrachtung jener Verfahren durchaus eine Verbesserung dar. Unumstritten scheinen die Probleme der praktischen Anwendbarkeit des Realoptionsansatzes einiger Kritik ausgesetzt zu sein, doch trotzdem stellen diese Grenzen den Ansatz nicht in Frage. Vielmehr ist innerhalb dieser Grenzen nach jeweils passenden Lösungen zu suchen.[190]

---

[190] Vgl. ebenda, S. 76.

5 Zusammenfassung und Fazit

Die Zielsetzung der vorliegenden Arbeit war es, einen grundlegenden Überblick über Unternehmensbewertungen, deren Anlässe und Zwecke und die relevanten Bewertungsverfahren zu geben, um diese kritisch zu analysieren. Die Schwächen in Hinblick auf die Bewertung von Handlungsflexibilitäten wurden aufgezeigt und mit dem Realoptionsansatz eine Bewertungsmethode vorgestellt und diskutiert, die als komplementäres Verfahren zu klassischen Bewertungsverfahren eine exaktere Quantifizierung des Unternehmenswertes ermöglichen kann. Der Fokus der Betrachtung lag im vierten Kapitel der Arbeit darin, theoretische Überlegungen bezüglich möglicher Anwendungsgebiete für den Realoptionsansatz als komplementäres Bewertungsverfahren zu klassischen Methoden anzustellen und dessen Grenzen bezüglich der praktischen Anwendbarkeit zu beschreiben.

Die klassischen Bewertungsverfahren, wie die Einzelbewertungs-, Gesamtbewertungs- und Mischverfahren in dieser Thesis klassifiziert wurden, stellen die zum Teil in der Bewertungspraxis etablierten Methoden dar. Dabei muss neben einigen konzeptionellen Fehlern dieser Ansätze hauptsächlich die statische Sichtweise und die fehlende Beachtung von Handlungsflexibilitäten des Managements eines Unternehmens kritisiert werden. Selbst wenn Gesamtbewertungsverfahren durch die Diskontierung zukünftiger Rückflüsse quantifizieren, sind eben diese Rückflüsse zum einen nur Planwerte auf Basis von Schätzungen, deren Validität stark von weiteren unsicheren Faktoren abhängt und zum Teil vom Bewerter selbst unabsichtlich wie aber auch absichtlich beeinflusst werden können. Zum anderen wird aus Sicht einer Investition immer von einer „Entweder-Oder" als auch einer „Jetzt-oder-Nie"-Entscheidung ausgegangen, was die Realität von Entscheidungsprozessen in modernen Unternehmen jedoch keineswegs repräsentiert. Durchaus hat die Unternehmensbewertung mittels klassischer Verfahren seine Daseinsberechtigung, aufgrund ihrer Fehler und Grenzen muss jedoch immer von einer nichtrepräsentativen Abbildung der Realität ausgegangen werden und dieses Wissen durch diese stetige Unsicherheit abbildende Faktoren auch Eingang in die Bewertung finden.

Als Konzeption, bewertungsrelevante Freiheitsgrade des Managements eines Unternehmens entsprechend zu quantifizieren, scheint der Realoptionsansatz ein geeignetes Verfahren darzustellen. Doch auch dieser Ansatz als mögliches Mittel, etwaige Fehler der klassischen Verfahren zu überwinden, stößt nicht nur in seiner doch sehr komplexen theoretischen Konzeption, sondern folglich vielmehr auch in der praktischen Anwendbarkeit an seine Grenzen. Die Grundlage zur Bewertung von Realoptionen liefert das optionstheoretische Konzept zur Bewertung von Finanzoptionen, wobei schon auf dieser Ebene die grundsätzliche Annahme zur Analogie von Finanz- zu Realoptionen hinterfragt werden muss. Auch stellt sich die Frage, inwieweit dieses Konzept grundsätzlich übernommen werden kann, da nicht davon auszugehen ist, wichtige Einflussfaktoren wie bspw. die Volatilität von Finanzoptionen auf Realoptionen übertragen zu können. Der Realoptionsansatz ist grundsätzlich nicht als eigenständiges Kalkül zur Bewertung ganzer Unternehmen zu verstehen. Nicht zuletzt aufgrund seiner hohen mathematischen Anforderungen stellt das Realoptionsverfahren nur in Ausnahmefällen auf Projektebene sowie bei Bewertung von jungen Unternehmen und Start-Ups eine Möglichkeit dar, ein valides Bewertungsergebnis zu erhalten.

Vielmehr soll dieser alternative Ansatz als ein auf klassischen Bewertungsverfahren aufbauendes Instrument zum Ausgleich der fehlenden Quantifizierung von Handlungsflexibilitäten verstanden und auch eingesetzt werden. Dabei ist es aus theoretischer Sicht möglich, das Verfahren nicht nur bei zukunftsorientierten Bewertungsmethoden einzusetzen. Auch die komplementäre Nutzung zu Substanzwert- oder Mischverfahren stellt unter gewissen Aspekten eine sinnvolle und relevante Alternative dar. Lediglich die Nutzung aufbauend auf Multiplikatorverfahren ist aufgrund der zweifelhaften Kompetenz dieses Verfahrens als wissenschaftliche Methode sowie der fehlenden Informationen über in die entsprechenden Multiples bereits eingepreisten Realoptionswerte abzulehnen. Bei der Entscheidung für oder gegen die praktische Nutzung des Realoptionsverfahrens als komplementäres Instrument zu klassischen Verfahren der Unternehmensbewertung muss immer von einer Kosten-Nutzen-Rechnung ausgegangen werden. Solange die Grenzen der praktischen Anwendbarkeit sowie der hohe Aufwand den Nutzen des Kalküls in der Funktion von Identifikation, Bewertung und Management nicht überschreiten, wird dieser Ansatz auch in Zukunft in der Bewertungspraxis keinen weiteren Anklang finden und nur einer exklusiven Auswahl von Bewertungsexperten sowie wenigen Anwendungsgebieten vorbehalten sein.

Den Realoptionsansatz aufgrund seiner Fehler jedoch gänzlich zu verwerfen, muss aufgrund seiner Stärken gegenüber den klassischen Verfahren abgelehnt werden, da auch ebendiese Methoden keinesfalls als konzeptionell fehlerfrei erachtet werden können. Der Kritik gegenüber dem Realoptionsansatz kann jedoch auch einiges entgegengesetzt werden. Die Spezialisierung von externen Bewertungsdienstleistern sollte der hohen mathematischen Komplexität der Bewertungsmethode grundsätzlich gegenüberstehen. Das Informationsproblem bezüglich jener externen Bewerter könnte mit einer, wie es bei M&A-Transaktionen im Allgemeinen üblich ist, speziell auf die Identifikation von bewertungsrelevanten Optionswerten abgestimmten Due Diligence Prüfung gelöst werden.

Inwieweit sich der Realoptionsansatz als komplementäres Verfahren zu klassischen Methoden zur Bewertung ganzer Unternehmen durchsetzen wird, bleibt aufgrund der komplexen Anwendung fraglich. Vielmehr ist dieser alternative Ansatz aber eine Möglichkeit, aufbauend auf dem passiven Unternehmenswert die Handlungsflexibilität der Unternehmensführung bewertbar zu machen. Da diese Optionswerte wichtige immaterielle Vermögenswerte eines Unternehmens darstellen und als solche auch bewertungsrelevanter Natur sind, stellt der Realoptionsansatz trotz seiner Fehler und Grenzen ein wichtiges und nicht zu unterschätzendes Bewertungsverfahren dar.

Literaturverzeichnis

Adams, Michael; Rudolf, Markus (2005): Unternehmensbewertung auf der Basis von Realoptionen. In: Ulrich Schacht und Matthias Fackler (Hg.): Praxishandbuch Unternehmensbewertung. Grundlagen, Methoden, Fallbeispiele. 1. Aufl. Wiesbaden: Gabler, S. 339–362.

Amram, Martha; Kulatilaka, Nalin (1999): Real options. Managing strategic investment in an uncertain world: Oxford University Press Inc. (Financial Management Association survey and synthesis series).

Baetge, Jörg; Niemeyer, Kai; Kümmel, Jens; Schulz, Roland (2012): Darstellung der Discounted-Cashflow-Verfahren (DCF-Verfahren) mit Beispiel. In: Volker H. Peemöller (Hg.): Praxishandbuch der Unternehmensbewertung. Grundlagen und Methoden, Bewertungsverfahren, Besonderheiten bei der Bewertung. 5., aktualisierte und erw. Aufl. Herne: NWB-Verl., S. 349–498.

Ballwieser, Wolfgang (2011): Unternehmensbewertung. Prozeß, Methoden und Probleme. 3., überarb. Aufl. Stuttgart: Schäffer-Poeschel.

Barth, Thomas; Giannaku, Andreas (2017): Unternehmensanalyse mit Kennzahlen. 2., überarbeitete Auflage. Konstanz, München: UVK.

Beckmann, Christoph (2006): Der Realoptionsansatz in der Investitionsrechnung und Unternehmensbewertung: utzverlag GmbH (Schriftenreihe zum Finanz-, Prüfungs- und Rechnungswesen).

Bieg, Hartmut (1997): Betriebswirtschaftslehre. 2. Aufl. Freiburg: Grannemann u. von Fürstenberg.

Bieg, Hartmut; Kußmaul, Heinz; Waschbusch, Gerd (2016): Investition. 3., vollständig überarbeitete Auflage. München: Verlag Franz Vahlen.

Black, Fischer; Scholes, Myron (1972): The Valuation of Option Contracts and a Test of Market Efficiency. In: *The Journal of Finance* 27 (2), S. 399–417.

Black, Fischer; Scholes, Myron (1973): The Pricing of Options and Corporate Liabilities. In: *Journal of Political Economy* 81 (3), S. 637–654.

Carmichael, David G. (2016): A cash flow view of real options. In: *The Engineering Economist* 61 (4), S. 265–288.

Copeland, Thomas E.; Antikarov, Vladimir (2002): Realoptionen. Das Handbuch für Finanz-Praktiker. 1. Aufl. Weinheim: Wiley-VCH-Verl.

Copeland, Thomas E.; Koller, Tim; Murrin, Jack (2002): Unternehmenswert. Methoden und Strategien für eine wertorientierte Unternehmensführung. 3., völlig überarb. und erw. Aufl. Frankfurt/Main, New York: Campus-Verl.

Copeland, Thomas E.; Weiner, J. (1990): Proactive Management of Uncertainty. In: *McKinsey Quarterly* (4), S. 133–152.

Cox, John C.; Ross, Stephen A.; Rubinstein, Mark (1979): Option pricing: A simplified approach. In: *Journal of financial economics* 7 (3), S. 229–263.

de.statista.com (2019): Volumen der weltweiten M&A Deals bis 2018. Online verfügbar unter https://de.statista.com/statistik/daten/studie/153735/umfrage/volumen-der-fusionen-und-uebernahmen-weltweit/, zuletzt geprüft am 11.06.2019.

deacademic.com (2019): Geometrische Brown´sche Bewegung. Online verfügbar unter https://deacademic.com/dic.nsf/dewiki/506003, zuletzt geprüft am 16.09.2019.

Desmond, Glenn M. (1994): Handbook of small business valuation formulas and rules of thumb. 3. Aufl. Los Angeles: Valuation Press.

Dixit, Avinash K.; Pindyck, Robert S. (1994): Investment under uncertainty: Princeton University Press.

Drukarczyk, Jochen; Schüler, Andreas (2009): Unternehmensbewertung. München: Vahlen.

Ernst, Dietmar; Häcker, Joachim (2012): Applied International Corporate Finance. München: Vahlen.

Ernst, Dietmar; Heyd, Reinhard; Popp, Matthias (2014): Unternehmensbewertung nach IFRS. Bewertungsverfahren - Umsetzungstechnik - Fallstudie. Berlin: Schmidt.

Ernst, Dietmar; Schneider, Sonja; Thielen, Bjoern (2010): Unternehmensbewertungen erstellen und verstehen. Ein Praxisleitfaden. 4., überarb. Aufl. München: Vahlen (Finance competence).

Eschenbach, Ted G.; Lewis, Neal A.; Hartman, Joseph C. (2009): Waiting cost models for real options. In: *The Engineering Economist* 54 (1), S. 1–21.

finanzderivate.info (2019): Das Black-Scholes Modell zur Optionsbewertung. Online verfügbar unter https://finanzderivate.info/optionen/bewertung-von-optionen/das-black-scholes-modell-zur-optionsbewertung/, zuletzt geprüft am 16.09.2019.

Franke, Günter; Hax, Herbert (2009): Finanzwirtschaft des Unternehmens und Kapitalmarkt. 6., überarb. und erw. Aufl.: Springer.

Freihube, Klaus (2001): Die Bedeutung und die Bewertung von Realoptionen (Handlungsspielräumen) in der wertorientierten Unternehmensführung. Berlin.

Günther, Peter; Schittenhelm, Frank Andreas; Pietschmann, Bernd P.; Vahs, Dietmar (2003): Investition und Finanzierung. Eine Einführung in das Finanz- und Risikomanagement. 1. Aufl.: Schäffer-Poeschel Verlag.

Habbel, Markus; Krause, Jan; Ollmann, Michael (2011): Die Relevanz von Branchenanalysen für die Unternehmensbewertung. In: Jochen Drukarczyk und Dietmar Ernst (Hg.): Branchenorientierte Unternehmensbewertung. 3. Aufl. München: Vahlen, S. 9–18.

Hayn, Marc (2012): Besonderheiten beim Bewertungsobjekt. Bewertung junger Unternehmen. In: Volker H. Peemöller (Hg.): Praxishandbuch der Unternehmensbewertung. Grundlagen und Methoden, Bewertungsverfahren, Besonderheiten bei der Bewertung. 5., aktualisierte und erw. Aufl. Herne: NWB-Verl., S. 769–802.

Institut der Wirtschaftsprüfer (2017): IDW Standard: Grundsätze zur Durchführung von Unternehmensbewertungen (IDW S1). Düsseldorf: IDW Verlag.

Kaden, Jens (1997): Kritische Überlegungen zur Discounted Cash Flow-Methode: Methodenharmonisierung von Ertragswert und Discounted Cash Flow. In: *Zeitschrift für Betriebswirtschaft*, S. 499–508.

Koch, Wolfgang (2011): Praktiker-Handbuch Due Diligence. Ganzheitliche Analyse und Bewertung von Unternehmen. 3., vollst. überarb. Aufl. Stuttgart: Schäffer-Poeschel.

Koenen, Jens; Postinett, Axel (2019): Tesla in der Liquiditätsfalle – Scheitert der Elektropionier? In: *Handelsblatt.com* 2019, 15.07.2019. Online verfügbar unter https://www.handelsblatt.com/unternehmen/industrie/auto-bauer-tesla-in-der-liquiditaetsfalle-scheitert-der-elektropio-nier/24583370.html, zuletzt geprüft am 17.07.2019.

Kühn, Richard; Fuhrer, Urs; Jenner, Thomas (2000): Reale Optionen. In: *Die Unternehmung: Swiss journal of business research and practice, Organ der Schweizerischen Gesellschaft für Betriebswirtschaft (SGB)* 54 (1), S. 43–56.

Löhr, Dirk; Rams, Andreas (2000): Unternehmensbewertung mit Realoptionen. Berücksichtigung strategisch-dynamischer Flexibilität. In: *Betriebs-Berater: Recht, Wirtschaft, Steuern* 55 (39), S. 1983–1989.

Mandl, Gerwald; Rabel, Klaus (1997): Unternehmensbewertung. Eine praxisorientierte Einführung: Ueberreuter Wirt.

Mandl, Gerwald; Rabel, Klaus (2012): Methoden der Unternehmensbewertung (Überblick). In: Volker H. Peemöller (Hg.): Praxishandbuch der Unternehmensbewertung. Grundlagen und Methoden, Bewertungsverfahren, Besonderheiten bei der Bewertung. 5., aktualisierte und erw. Aufl. Herne: NWB-Verl., S. 49–91.

Micalizzi, Alberto; Trigeorgis, Lenos (1999): Project evaluation, strategy and real options. In: Lenos Trigeorgis (Hg.): Real options and business strategy. Applications to decision-making. 1. Aufl.: Risk Books.

Moxter, Adolf (1983): Grundsätze ordnungsmäßiger Unternehmensbewertung. 2., vollst. umgearb. Aufl. Wiesbaden: Gabler.

Myers, Stewart C. (1984): Finance theory and financial strategy. In: *Interfaces : the INFORMS journal on the practice of operations research* 14 (1), S. 126–137.

Nölle, Jens-Uwe (2005): Grundlagen der Unternehmensbewertung. In: Ulrich Schacht und Matthias Fackler (Hg.): Praxishandbuch Unternehmensbewertung. Grundlagen, Methoden, Fallbeispiele. 1. Aufl. Wiesbaden: Gabler, S. 13–32.

Peemöller, Volker H.; Beckmann, Christoph (2012): Besonderheiten der Unternehmensbewertung. Der Realoptionsansatz. In: Volker H. Peemöller (Hg.): Praxishandbuch der Unternehmensbewertung. Grundlagen und Methoden, Bewertungsverfahren, Besonderheiten bei der Bewertung. 5., aktualisierte und erw. Aufl. Herne: NWB-Verl., S. 1175–1205.

Peemöller, Volker H.; Bömelburg, Peter; Denkmann, Andreas (1994): Unternehmensbewertung in Deutschland. Eine empirische Erhebung. In: *WPg Düsseldorf* (47), S. 741–749.

Peemöller, Volker H.; Kunowski, Stefan (2012): Ertragswertverfahren nach IDW. In: Volker H. Peemöller (Hg.): Praxishandbuch der Unternehmensbewertung. Grundlagen und Methoden, Bewertungsverfahren, Besonderheiten bei der Bewertung. 5., aktualisierte und erw. Aufl. Herne: NWB-Verl., S. 275–347.

Perridon, Louis; Steiner, Manfred; Rathgeber, Andreas W. (2014): Finanzwirtschaft der Unternehmung. 16., überarb. und erw. Aufl. München: Vahlen.

Prokop, Jörg; Borde, Keno (2010): Kommunales Finanzmanagement. Möglichkeiten und Grenzen moderner Finanzinstrumente: Erich Schmidt Verlag (Kommunale Verwaltungssteuerung, Bd. 4).

Schmidlin, Nicolas (2013): Unternehmensbewertung & Kennzahlenanalyse. Praxisnahe Einführung mit zahlreichen Fallbeispielen börsennotierter Unternehmen. 2., überarb. Aufl.: Vahlen.

Seppelfricke, Peter (2012): Handbuch Aktien- und Unternehmensbewertung. Bewertungsverfahren, Unternehmensanalyse, Erfolgsprognose. 4., überarb. Aufl. Stuttgart: Schäffer Poeschel.

Skudlarek, Guido (2001): Perspektiven und Grenzen des Einsatzes von Realoptionen zur Unternehmensbewertung. Kaiserslautern: Technische Universität Kaiserslautern, Fachbereich Wirtschaftswissenschaften (Studien zum Finanz-, Bank- und Versicherungsmanagement, 7).

Steiner, Manfred; Bruns, Christoph (2002): Wertpapiermanagement. Professionelle Wertpapieranalyse und Portfoliostrukturierung. 8. überarb. u. erw. Aufl. (Handelsblatt-Bücher).

Trigeorgis, Lenos (1993): Real Options and Interactions with Financial Flexibility. In: *Financial Management* 22 (3), S. 202.

Trigeorgis, Lenos (1996): Real options. Managerial flexibility and strategy in resource allocation. Cambridge, Mass: MIT Press.

Vishwanath, S. R. (2007): Corporate finance. Theory and practice. 2. Aufl. New Delhi, Thousand Oaks, Calif: Response Books.